「論語」を通じ、人間理解を深める

介護の現場で人間力を磨く

瀬戸恒彦 著

中央法規

はじめに

日本は、戦後の教育により個人主義が台頭し、世のため、人のために生きるという考え方よりも、自分の利益のために働くという考え方が一般的になりました。特に、高度経済成長期に働いた団塊の世代を中心とする企業戦士たちは、会社の利益、自分の利益を得るために猛烈に働きました。その結果日本は豊かになり、世界のなかで経済大国の地位を占めるに至ったのです。経済を優先してきた結果、洗濯機、冷蔵庫、掃除機、エアコン、自動車など、今ではお金を出せばなんでも手に入る社会になりました。戦後の食糧がなかった時代に比べると雲泥の差です。お金が豊かさを象徴するようになり、お金が幸せを支配するという考え方も台頭してきました。一方で、相手を思いやる「仁」の心が隅に追いやられ、置き去りにされてきたようにも思います。

人間が集団で生活するようになり、さまざまな発明によって私たちのライフスタイルは、大きく変わってきました。しかし、私たちの本質はあまり変わっていません。論語がそのことを証明しています。論語は、私たちの生活に欠かせない大切なことを教えてくれます。人間学の基本といってもよい書物です。二五〇〇年の時を経て、変わらない価値を保ち続けている書物はそう多くはないでしょう。多くの書物は時代とともに価値がうすれていきますが、論語は変わらない価値を持ち続けています。ですから、現代に生きている私たちにとって、人生の羅針盤となるのです。

論語は、今から二五〇〇年ほど前の春秋戦国時代に書かれました。論語は、孔子とその弟子の言行録をまとめたものです。孔子は、釈迦、キリストと並び世界三大聖人と呼ばれ、後世に多大な影響を与えた思想家です。論語には人としての道やリーダーとしてあるべき姿や考え方、行動などが記されています。二五〇〇年の時を経て、なお私たちの心の規範として存在している論語は、人間の本質をとらえているのです。

日本でも、論語は多くのリーダーに読み継がれてきました。古くは聖徳太子、そして徳川幕府を開いた徳川家康、農民聖人といわれた二宮金次郎、日本人の精神を「武士道」という書物で世界に発信した新渡戸稲造、我が国の資本主義の父といわれ、論語を基盤として多くの企業や団体の設立に関わった渋沢栄一などは、論語の実践者として有名です。

さらに、「論語の活学」等を著し、吉田茂や岸信介などの政治家や三井、三菱など経済界のリーダーから慕われた安岡正篤、京セラの創業者でＪＡＬの再建を果たした稲盛和夫なども、論語を基本として多くのリーダーを養成してきました。このように、混迷の時代、有名・無名を問わず数多くのリーダーたちが論語を熟読し、人生における大事な判断の「よりどころ」にしてきたのです。

特に徳川家康は、自ら論語を学ぶだけでなく、武士に論語を学ばせました。江戸時代は士農工商という身分制度がありましたが、藩校や寺子屋で武士から商人にいたるまで、論語を学んでいたのです。こうして、江戸時代の日本人は、世界で一番識字率が高いといわれるようになりました。

その逸話として、一八五四年に日本と和親条約を結んだペリー提督は、自伝のなかで、「私は、世界をいろいろ航海してきたが、日本人のように落ち着いた華麗さと、威厳を持った国民に出会ったことがない」と記しています。当時の日本人は、「論語」に描かれる理想の人間像を求めて、論語を学んでいたのです。

この日本人の精神を世界に発信したのが、新渡戸稲造です。新渡戸稲造は、一九〇〇年に「武士道」という本をアメリカで出版します。原文は英語で書かれており、「The Soul of Japan」というタイトルです。世界でベストセラーになり、当時のアメリカ大統領セオドア・ルーズベルトも「武士道」を絶賛し、家族、友人、知人に配ったという逸話が残されています。

また、渋沢栄一は、第一国立銀行をはじめとして、東京証券取引所や東京ガス、帝国ホテルやサッポロビールなど多種多様な企業の設立に関わり、その数は五〇〇以上といわれています。このように日本の経済界をリードした渋沢栄一は、商業道徳を指導する際のよりどころとして論語を活用しました。世界のなかで日本の商慣行が優れているのも、渋沢栄一の実践哲学としての「論語と算盤」があったからにほかなりません。

このように、論語は日本で独自に進化し、日本人の心のよりどころとして生き続けています。今後、日本が世界のリーダーとして世界平和に貢献するために、そして、子供たちが凛とした日本人として世界中で活躍する時代を拓くためにも、論語を学びたいものです。

介護の現場では、介護に関するさまざまな知識や技術が求められます。これまでは経験則によって行われていた排泄介助、移動介助、褥瘡予防、夜間見守りなどの介護が、最近では徐々に介護ロボットなどによって代替されつつあります。

しかし、本当に大切なことは、人間でなければできません。人間にしかできないことを人間が行い、ロボットに代替できることはロボットが担うという時代に突入しています。将来的には、人間とロボットが共存して、利用者の生活を支えることが望まれます。

介護現場にロボットが導入されてくると、介護がシステム化されることになり、データやエビデンスによって管理されることになります。こうした時代にこそ、人間としての魅力を備えた介護職員が貴重な存在となるのです。日本の歴史や文化を学び、一人の人間として「仁」の心を持って利用者に接する姿勢が重要になるのです。排泄介助や食事介助、入浴介助の知識や技術ももちろん重要ですが、人間には心があります。心のケアを通して、要介護高齢者の生活を支援することが重要になるのです。

また、介護する職員の心がプラスのエネルギーで満たされていないと、利用者に対して良いサービスを提供することはできないでしょう。心の働きを高めるためにも、論語を学ぶことが大切なのです。言い換えると、論語を身につけて実践することにより、さらに人間力を磨き上げることができます。論語には、優れた人生訓が盛り込まれています。時代の流れのなかで風化せずに、輝き続けてきた言葉には真実があります。その真実を学び、学んだことを実践することが大切です。

最近は、「ネット社会」と呼ばれるほどインターネットが普及し、パソコンやスマートフォンで最新の情報を入手することが可能となりました。その結果、新聞や本を読む人が減少しています。しかし本を読む価値は、情報の入手だけではありません。本を読むということは、自分の心との対話であり、心の働きを高めるための手段です。難しい本を繰り返し読むことにより、物事を深く理解することができるようになります。正しい考え方を学び身につけることによって、成功するための思考回路を築くことができるようになるのです。

介護現場で今一番必要なことは、論語を学び人間力を養うことです。一人ひとりの心の働きを高めるために、自信を持って介護や福祉の現場で働けるように論語を学びましょう、そして実践しましょう。

瀬戸恒彦

令和二年二月吉日

目次

第2部 論語を学ぶ

第3章 組織をマネジメントする

序章

なぜ、論語を学ぶのか

なぜ、介護職員が「論語」を学ぶ必要があるのでしょうか。それは、人間がより良く生きるという根幹に論語が大きく影響を及ぼしているからにほかなりません。「介護」は、人間の生活を支える崇高な仕事です。したがって介護職員は、より良く生きるための考え方がちりばめられている論語を、自分のためとともに他人の人生に良い影響を与えるための教材として身につける必要があるのです。論語は、言葉を覚えるだけでは意味がありません。「論語読みの論語知らず」という言葉があります。いくら論語の知識を増やしても、それを実際に仕事や生活に活かすことができなければ意味がありません。論語は実社会の仕事や活動に活かしてこそ、価値があります。

論語は、私たちの人生の羅針盤といえるものです。人間関係で悩んだときに、仕事の判断に困ったときにさまざまなヒントを与えてくれます。政治家や企業経営者、医師や看護師、介護福祉士など、多くの職業人が論語を読んでいるのは、こうした理由にほかなりません。

介護は、「感情労働」といわれますが、介護現場には、さまざまな価値観を持った多くの人たちが生活しており、「人間の生きざま」そのものが展開されています。どのような仕事でも、人間である以上、ある程度の感情がむき出しになることは避けられませんが、とりわけ介護現場は感情のぶつかり合いが多い職場といえるでしょう。そのなかで良い介護を提供するためには、人間を大好きになるとともに、一人ひとりの心理状態を察する力が必要になります。これを「人間力」と呼んでいます。人間力を高めるためには、人間を学び、介護現場で起きているさまざまな事象から、人間の心理を学ぶ姿勢が大切になります。介護現場で「見るもの」「聞くこと」「体験すること」、すべてから人間を学ぶのです。

例えば、介護職員は仕事を通して高齢者と話す機会が多くあると思いますが、こうした会話に人生のヒントが隠されています。また、要介護度の高い人や認知症の人からも、文句ばかり言う人からも、学ぶことがあります。考え方を変えることによって、日々の仕事の場が研修の場となるのです。

そして、相手を思いやる心を持って日々過ごすことができるかどうかによって、介護の仕事が「楽しくなる」のか、「苦痛になる」のかが分かれます。

介護現場には、人間が大好きで、利用者の笑顔が大好きな介護職員がいると思います。その職員は、相手を思いやる心を持ち、介護の仕事に誇りを感じて、自らの仕事の価値を高めている人です。このような人たちが働いている職場は、明るくて、楽しくて、職員全員が常に前向きに仕事をしていることでしょう。

一方で、介護を「きつい」「汚い」「給料が安い」などと言って、自らの仕事の価値を下げている人は、自己中心的な考え方を持っており、自分にとって都合の悪いことが起きると、責任を他者に転嫁する傾向があります。自分の仕事を「明るく」「楽しく」「前向き」に取り組めない人たちが多くいると、明るい職場をつくることが難しくなり、介護の質を高めることはできないでしょう。

　論語を学ぶということは、人間を学ぶことにほかなりません。人間の良いところも、悪いところも学び、人生の根本となる正しい考え方を学ぶことにほかなりません。人間を学ぶということは、人間の心を学ぶことであり、「仁」を学ぶことでもあります。「仁」とは、他者の心中を思いやることであり、深い人間愛を基本とする概念といえます。別の言い方をすれば、「仁」とは、自己中心ではなく、相手に対する親愛の情や優しさを持った心ともいえます。

　リーダーとして仕事と人をマネジメントする立場に立ったとき、最初にぶつかる壁は、人を動かす術です。自分でやったほうが早いからといって、すべての仕事を自分で抱えることはできません。それぞれの立場で、それぞれの役割があるのです。より良く仕事をしてもらうためには、「心の働き」を理解しなければなりません。人間は感情を持った動物ですから、好き嫌いで物事を判断し、行動します。時には感情的に部下を叱責することもあるでしょう。しかし、感情的になってしまうと、物事はうまくいかないものです。

　自分の感情をコントロールする際に役立つものとして論語には、**仁は遠からんや。我、仁を欲すれば、斯《ここ》に仁至る**という言葉があります。これは、「最高の徳というべき仁は、私たちから遠いところにあると思っているかもしれないが、そうではない。自分が仁であろうとすれば、すぐになれるものでもある」という意味です。

　人間の最高の徳である「仁」を身につけるには、最初に、「仁」を身につけたいと思うことが大切です。人間として生まれてきた以上、社会の役に立って、より良い人生を送って幸せになりたいと思う気持ちは誰もが持っています。仁を身につけたいと思うのならば、「私は仁のある人間になりたい」と願うことです。強く思うことによって、「仁」が身につくのです。その思いを日々の生活で実践することです。

例えば、仁を身につけるための実践については、次のステップが考えられます。

1 「私は仁のある人間になる」と強く思う。
2 「私は仁のある人間になる」と言葉に出して言う。
3 仁のある人間として行動する。
4 その行動を習慣とする。

介護現場には、いろいろな人がいて、さまざまな人間模様があります。激しい感情をぶつける人もいるでしょう。激しい口調で叱責されることもあるでしょう。そのなかで、仁のある人間として振る舞うことが、自らを仁のある人間として成長させてくれるのです。

それでは、仁のある人の振る舞いを具体的に見ていきましょう。仁のある人は、常に心を穏やかに保つすべを知っています。あまり感情を表に出さずに、穏やかに話したり、人の話を聴いたりして相手に安心感を与えます。そして、沈着冷静な判断ができます。慌てたり騒いだりすることなく、真実を把握して判断をし、人によって態度を変えるなどしないので、多くの人に慕われています。

また、利他の心を持っているため、自分よりも人を優先することができ、奉仕の心があります。こうした振る舞いができる人は、品格が漂っています。仕草や表情に上品さがあります。

逆に、「仁」がない人の特徴を見ていきましょう。皆さんの職場で、自己中心的で、すぐに怒ったり、イライラしたりする人がいませんか。不平や不満を言葉に出して、周りの職員に迷惑をかけている人がいたら、「仁」を身につける実践が足りない人だと思ってください。このような人がいる職場では、明るい声であいさつする、玄関口で靴を揃える、感情的な言葉に対して冷静に対応する、ありがとうの声をかけるなど、身近な行動から見直して改善していくことが大切です。

リーダーたる者は、常に職員に対して「仁」の心で接し、ネガティブな感情を引きずらないようにアドバイスすることも重要な仕事です。人は人によって磨かれます。常に学ぶ姿勢を持ち、人と接するなかで自らを輝かせることができるということを知っていれば、介護事業所は、自らを向上させる人生道場といえるのではないでしょうか。

もう一つ、元気が出る論語を紹介しましょう。それは、**知者は惑《まど》わず、仁者は憂《うれ》えず、勇者は懼《おそ》れず**です。これは、「知者はあれこれ迷うことがない。仁者はくよくよ心配しない。勇者は決して恐れない」という意味です。この言葉を胸に刻み、常に知者、仁者、勇者であろうと心がけていれば、いざというときに平常心で対処することができるでしょう。リーダーは、このように論語を学んで自分を磨いていく必要があります。そしてその学びを部下に伝えていくことが大切です。こうした取り組みを続けることによって、きっと素晴らしい職場になることでしょう。

論語は、良きリーダーになるための必読書といえるでしょう。それでは、第1部から具体的に論語を学んでいきましょう。

Column

コラム❶ 論語の伝来

孔子は春秋時代末期の思想家で、儒教の開祖です。

孔子が特に強調したのは「仁」と「忠」でした。それを形にしたのが「礼」です。礼とは本来、祭祀の儀礼を意味する言葉でしたが、孔子はこれに道徳性を加えました。礼に新しい精神を加えることで、国家の制度から日常の細かい規範まで、その思想を広げていきました。

なお、日本に「論語」が伝わったのは、西暦二八五年ごろとされています。日本書紀や古事記には、一五代応神天皇の命を受けて百済《くだら》から渡来した王仁《わに》博士によって「論語」が伝わったと記されています。このときに、「論語」一〇巻とともに「千字文《せんじもん》」一巻がもたらされ、日本に儒教と漢字が伝えられたとされています。

日本書紀によれば、仏教の伝来は、百済の聖明王の遣いで訪れた使者が、二九代欽明天皇に釈迦如来像や経典・仏具などを献上した西暦五五二年とされています。「論語」のほうが、仏教より二五〇年以上早く伝わったのです。

第1部

事例から学ぶ

第1章

失敗事例から学ぶ

1 チームケアの重要性

① 見逃したAさんのサイン

入居後間もないAさんは、最近食事の量が減り、どことなく元気がない様子でした。家族も心配し、「早めに受診させてほしい」と複数の職員に要望を伝えていました。そんなAさんを職員も心配していたのですが、外出や外泊が多いため、「まだ大丈夫」と考え様子を見ていました。

数日後、家族と共に外出をしたところ、容態が悪くなり、そのまま入院となりました。診断は「脱水」でした。家族は「何度も受診を希望していたのに対応してくれなかった」と激怒し、退去という最悪の事態を招いてしまいました。

この事例で考えなければならないことは何でしょうか。事実関係を整理してみましょう。

1　Aさんは食事の量が減って元気がなくなっている。
2　家族は、容態の変化を心配して病院への受診を希望していた。

Aさんの食事の量が減少しているのはなぜか、どうして元気がないのか、その要因を分析する必要があります。

利用者の生活の変化には、必ず原因があるはずです。食事の量が減少しているから元気がないのか、元気がないから食事の量が減少しているのか、どちらも考えられます。

人間は、人とのつながりが希薄になっても、食欲がわかないこともありますから、本当の原因を探るべきでした。世のなかの出来事には、原因と結果の法則が働いています。すべての結果には、必ず原因があるのです。その原因をしっかりと把握することが必要です。

論語に、**其《そ》の以《もっ》てする所《ところ》を視《み》、其《そ》の由《よ》る所《ところ》を観《み》、其《そ》の安《やす》んずる所《ところ》を察《さっ》すれば、人焉《いずく》んぞ廋《かく》さんや**という言葉があります。この言葉は、人間の本質を見抜く術を教えてくれています。人間の本質をみるためには、三つのステップがあります。第一段階は、その人の行動を視ることです。第二段階は、なぜそのような行動をするのか、内面的な心の働きを観ることです。第三段階は、人の心のなかを観ることはできませんが、その人が何を望んでいるのかを察することにより、その人の本質に迫ることです。このようにして人間の本質を見抜くことができるようになります。

介護現場には、さまざまな人間模様があります。一人ひとり生活歴が異なります。生活スタイルや考え方も異なります。認知症の人もいます。こうした人たちが何を考え、どのような行動をしているかを観察することから、介護が始まります。

リーダーは、人間の本質をみることができないと務まりません。こうした観察眼を身につけることにより、利用者や職員との人間関係を客観的にみることができるようになります。

この事例を考える際に、本人の観察以外に、もう一点気をつけなければならないことがあります。それは、家族の希望です。何を考え、何を望んでいるのか、家族の声に耳を傾ける姿勢が大切です。そして、そこから何をすべきかを考え、実際に行動に移すことが必要です。そのためには、こうした情報をチーム内で共有することです。介護の現場では、一人で利用者の介護をしているわけではありません。介護福祉士や看護師、介護支援専門員が連携することにより、良い介護が実現するのです。

チームケアを推進するメリットは、本人や家族の観察をしっかりできるスタッフのノウハウを共有できる点にあります。人間は誰でも関心があることについては見ることができますが、関心がないことは、毎日見ていても見えないのです。ですから、利用者や家族の様子や言動に関心を持ち、訴えや要望に対して、真摯《しんし》に対応する姿勢が重要になります。

リーダーたる者は、「見る」「視る」「観る」「察する」の違いを学び、物事の真実を見抜く力を持つことが大切です。人の心のなかを観ることは難しいのですが、利用者の行動をしっかり視ること、その行動の内面にある心の働きを観ること、そこから何を望んでいるかを察することにより、より良い介護を実践することができるのです。心眼を開くには、日々の介護の仕事のなかで、問題意識を持って取り組むことが重要です。見ること、聞くこと、体験すること、すべてから学ぶ姿勢が自らの心眼を開かせてくれるでしょう。

② 守られなかった約束

ある日の午後、B職員がCさんを訪問した際、「今日はつまらないの、どこかへ連れて行ってくださらないかしら。忙しいとは思うけど」と言われました。B職員は、この後Dさんのケア等をする予定だったので、「今は手が離せないので、後で必ずもう一度お声がけします」と言って部屋を出ました。その後、緊急の受診同行等でさらに業務が忙しくなり、業務が終了したのは夕食が始まる頃でした。

B職員はCさんのことは気になっていましたが、夕食も始まってしまったので、そのまま帰宅してしまいました。翌日、Cさんの部屋をお詫びのため訪問すると「待っていたのに忘れられて残念だったわ」とクレームを言われました。

この事例は、日常起きる小さな出来事ととらえられますが、こうした状況を放置しておくと、大きな事故や苦情につながりかねません。なぜ、こうしたことが起きてしまったのかを検討しておきましょう。

この事例で考えなければならないことは何でしょうか。事実関係を整理してみましょう。

1　Cさんは、外出したいという希望をB職員に話した。
2　B職員は、Cさんに、後で声をかけることを約束した。
3　緊急の業務が入り夕食の時間になったので、声をかけずに帰宅した。

この事例の場合、Cさんに声をかけると約束しておきながら、声をかけずに帰ってしまったことが問題です。Cさんの希望は、いつも叶えられるとは限りません。むしろ、外出するには事前の準備が必要になりますから、突然申し出をしても難しいことも理解していると思います。

Cさんは、自分の希望が叶えられると思い、声がかかるのを期待して待っていたと思います。その期待が外れたので、余計悲しい思いをしたのではないでしょうか。いつまでたっても連絡が来ないので、自分が忘れられていると思い込んでしまったのかもしれません。

B職員は、なぜ声をかけずに帰ってしまったのでしょうか。いろいろと理由はあると思いますが、B職員は、業務が忙しくなってCさんへの対応ができなくなったことを早い段階でCさんに伝えるべきでした。こうした些細なことをしっかりと行うことが、互いの信頼関係の構築につながります。二宮金次郎の名言に**積**《せき》**小**《しょう》**為**《い》**大**《だい》という言葉があります。「小さなことをコツコツと積み重ねることによって、大きなことを為すことができる」という意味です。「塵も積もれば山となる」や「千里の道も一歩から」なども同じ意味で使われます。利用者との日々の小さな積み重ねが大きな信頼となっていくのです。

また、論語には、**吾**《われ》**、日に吾**《わ》**が身を三省す**という言葉があります。この言葉は、自らを省みることがいかに大切であるかを説いています。自らを省みることが「学び」につながるからです。一日の行動を振り返って、自分は利用者のために最善を尽くしたか、同じ職場で働く仲間の信頼を失う言動をしていないか、毎日こうしたことを反省することが大切なのです。

約束を守れなかったB職員は、このことを反省することにより、今後こうした事案に上手に対応できるようになるでしょう。逆に、「私は忙しかったから仕方がなかった」と言い訳するようでは、同じことを繰り返す可能性があります。なぜなら、私たちは他人のことよりも自分のことを優先しがちだからです。私たちはこの事例から何を学ぶことができるでしょうか。それは、次のとおりまとめることができます。

1　利用者との約束には、必ず応対する。
2　利用者の生活を退屈にさせないためのアクティビティを考え、参加してもらうことを検討する。
3　利用者の外出希望を聴き、その希望をケアプランに組み込む。
4　すぐに対応することが難しい場合は、事情を説明し納得してもらう。
5　自分が対応できない場合は、別の職員に依頼する。

リーダーたる者は、自らを反省する心を持たなければなりません。利用者のために最善を尽くしたか、同じ職場で働く仲間の信頼を失うことをしなかったか、自らを反省することが大切です。そして、小さなことをコツコツと行えば、大きな成果が現れることでしょう。反省する心は、やがて自らと事業所を大きく成長させてくれます。

③ 知らなかった依頼

面会のため訪問したEさんの家族から「なぜ、ヨーグルトがこんなに残っているの?」と聞かれました。状況をよくのみ込めずに、F職員は、「いっぱいありますね。食べてないみたいですね」と答えました。家族の顔色が変わり、「食べさせるように頼んだのに、その言い方はどうなのですか」と叱責を受けました。その後さらに、家族からの依頼に対応しきれていないことに対するクレームに発展してしまいました。

F職員は、家族からヨーグルトを食べさせてほしいという依頼を受けていたことを知りませんでした。

この事例で考えなければならないことは何でしょうか。事実関係を整理してみましょう。

1 Eさんの家族からヨーグルトを食べさせるように依頼されていた。
2 面会時に対応した職員は、その依頼を知らなかった。
3 家族は、面会時に対応した職員がその依頼を知っていると思っていた。
4 家族は、職員の対応に不満を持った。
5 不満がクレームに発展した。

このような事実関係で、問題点はどこにあるのでしょうか。その本質に迫ってみましょう。この事例には、いくつかの疑問があります。

疑問１　なぜ、Ｅさんの家族は、ヨーグルトを食べさせるように職員に依頼したのか。そのとき対応した職員は、どのように答えたのか。
疑問２　なぜ、家族からの依頼情報が他の職員と共有されなかったのか。
疑問３　なぜ、家族は経緯を知らなかった職員を叱責し、不満をクレームに発展させたのか。

これらの疑問に答えることによって、この事例の問題点が明らかになってきます。最初の疑問について考えてみると、家族は、Ｅさんの好きなヨーグルトを食べさせてあげたいと思って依頼したのでしょう。その依頼を受けた職員が、どのように対応したかがポイントです。家族が持ち込んだ食材を職員が食べさせることについて、事業所内でどのようなルールがあったのかわかりませんが、おそらく、「わかりました」と答えたと推測されます。この時点で、「規程に抵触するので、できません」と答えていれば、家族は、その規程が厳しいとは思ったかもしれませんが、後々のクレームには発展しなかったでしょう。依頼を受けた職員は、家族の希望をかなえたいと思ったか、面倒くさいけれど仕方がないと思ったか、いずれにしても了解したわけです。

二つ目の疑問について考えてみると、組織におけるチームケアの根幹に触れることになります。なぜ、情報の共有が図れなかったのか。その原因はいくつか考えられます。

一つ目は、情報の共有を図るための仕組みが整備されていなかったことがあげられます。いつ、誰に対して、どのような情報を伝えるのか、その規程を整備していなかったので、属人的な運用になっていたということです。この場合、情報の共有が図られる場合もあればそうでない場合もあります。

二つ目は、規程は整備されていたが、職員がそのルールを知らなかった、あるいは、そのルールを守らなかったということがあげられます。この場合、仕組みは整備されているが、運用がうまくいっていないケースとなります。情報の共有については、詳細な規程を作ることが困難なため、職員の裁量に任せることが多くあります。利用者のケアに関する情報は、共有が必須の事項ですが、家族からの依頼については、情報共有すべき事項から外してしまったおそれもあります。しかし、クレームの多くが家族から発生することを考えると、家族からの依頼も、共有を図るべき情報に含まれるでしょう。

三つ目の疑問について考えてみると、情報が共有されていない事実と職員の対応に不満を持ったことがあげられます。この段階で家族の不満を和らげるには、情報の共有が図られていなかった事実を謝罪し、今後このようなことが起きないよう、情報の共有を徹底することを丁寧に説明すれば、クレームに発展することもなかったのではないでしょうか。

このとき、「私は聞いておりません。知りませんでした」と主張したのではないかと思います。自分の正当性を主張することによって、家族から「知らないでは済みませんよ」という言葉を引き出してしまったのです。不用意に発する言葉が災いを招く結果になることが多く、古来より、**口は災いの元**といって自らを戒めているのです。

論語に**利《り》に放《よ》りて行えば、怨《うらみ》多し**とあります。「自分の利益だけを考えて行動してはならない。必ず人の利益も考えていかないと、うらまれることになる」という意味です。自分の正当性（利益）だけを訴えると相手（家族）からうらまれることになるので、まず謝罪し、相手の利益（依頼事項の徹底）を叶えるようにすることが大切です。

リーダーたる者は、こうしたクレームが発生した場合、迅速に家族に謝罪するとともに、今後、情報共有の徹底と職員の対応について、万全を期すことを約束することが大切です。そして、職員に対しては、こうしたことが二度と起こらないように研修を実施することです。研修の仕方は、事実確認と要因分析を中心とした事例検討会が良いでしょう。その際に、参加者全員が発言できるようにして、「なぜ」「どうして」を繰り返し問いかけることにより、物事の本質を見抜く力を身につけられるようにしてください。

④　相談したのに

身体介助の際に拒否反応を示す利用者に対して、新米のG職員は、「自分が対応するときに拒否反応が多い」と悩んでいました。そのことを先輩職員に相談したところ、「どうすればよいのか考えていろいろ試してみるとよいけど、あまり気にしないほうがよいよ」とアドバイスを受けました。

しかし数日後、G職員は「もう自信がないので、辞めたいです」とホーム長に退職を申し出ました。

この事例で考えなければならないことは何でしょうか。事実関係を整理してみましょう。

1　G職員は、拒否反応を示す利用者に悩んでいた。
2　G職員が先輩に相談すると、「あまり気にしないほうがよい」とアドバイスを受けた。
3　G職員は、自信をなくして退職願を提出した。

このような事実関係で、問題点はどこにあるのでしょうか。その本質に迫ってみましょう。この事例には、いくつかの疑問があります。

疑問1　なぜ、G職員が介護するときに、利用者から拒否反応を示されるのか。G職員の介護知識や技術に問題はなかったのか。
疑問2　なぜ、G職員は、管理者ではなく先輩職員に相談したのか。
疑問3　なぜ、先輩は、「気にしないほうがよい」とアドバイスしたのか。
疑問4　なぜ、G職員は管理者に相談しないまま、退職願を出したのか。

疑問1について考えてみると、G職員は新米の職員で介護知識や技術が不足している様子がうかがわれます。初めて介護するときには、誰でもこれでよいのか悩むものです。介護において、正解が一つではないのは明らかで、個別性が高いからこそ、介護の専門性が発揮されるのです。介護を実践するとき、利用者の反応は気になるものです。拒否反応を示されたということは、何か問題があるはずです。G職員はその原因を明らかにして、しっかりと介護できるようにしたかったのかもしれません。介護専門職であれば、こうした場面で何度も繰り返しトライをして、試行錯誤しながらより良い介護の実践をするものです。そして、介護の技術を高めることに一生懸命になっていくのだと思います。

疑問2について考えてみると、身近な存在として相談しやすい先輩職員だったのではないかと推察します。相談しにくい先輩職員には相談しませんから、年齢も近く、相談しやすい雰囲気を持っていたのだと思います。

おそらく、G職員は、自らの介護技術について、具体的なアドバイスが欲しかったのではないでしょうか。自分が行っている介護が、正しいのか、それとも誤っているのか。なぜ、利用者に拒否反応をされるのか、自分ではわからない原因について、先輩に教えてほしかったのではないかと推察します。

疑問3について考えてみると、おそらく先輩職員は、いろいろと経験しながら介護技術を磨いてきたのでしょう。「気にしないほうがよい」というアドバイスは、先輩職員として、後輩職員が悩んで落ち込む姿を見たくなかったのかもしれません。元気づけようとしたのかもしれません。あるいは、介護を言語化して後輩職員に教えることが苦手だったのかもしれません。いずれにしても、G職員は、自らが求めていたアドバイスではなかったことから、「親身ではない」「期待外れ」「悩みの解決になっていない」などと思ってしまった可能性があります。先輩職員が後輩職員のことを思ってアドバイスしたことが、後輩職員には、相談しても解決しないと受け取られた可能性もあります。この場合、先輩職員は、後輩職員の悩みと真摯《しんし》に向き合う姿勢が求められます。

疑問4について考えてみると、G職員の見切りが早いという印象を受けます。もう少し頑張ってみようという気持ちにならなかったのは、なぜでしょうか。介護の仕事を続けることに自信がなくなってしまったのか、職場が冷たいという印象を受けたのか、相談相手がいないなかで介護の仕事を続けることに苦痛を感じたのか、さまざまな理由があると思います。この事例以外にも、G職員にしかわからない心の葛藤があったのではないかと推察します。

G職員が退職に至らないようにするために、管理者は何ができたでしょうか。G職員に限らず、初めての仕事をするときには、悩むのが当たり前です。人は悩んで大きくなるのですから、悩みは人間を成長させてくれる力になり得るのです。

論語に、**之《これ》を知る者は、之《これ》を好む者に如《し》かず。之《これ》を好む者は、之《これ》を楽しむ者に如《し》かず**という言葉があります。その意味は、「ある物事について、知識として知っているだけでは不十分で、それを好きな人にはかなわない。さらに言えば、好きな人も楽しんでいる人にはかなわないものだ」ということです。先輩職員がこの論語を知っていたら、違ったアドバイスになっていたかもしれません。先輩職員として、仕事を楽しむコツを話すことができたら、G職員はもう少し頑張ってみようという気持ちになったかもしれません。介護を実践するなかで、いろいろなことを学び、人間が好きになり、介護を楽しむことができれば、G職員の悩みも、学ぶ力に変えることができたのではないでしょうか。

リーダーたる者は、論語を学び人間力を磨いて、多くの介護スタッフの理想となる人間像を示さなければなりません。介護現場で起きるさまざまなクレームや事故に適切に対応し、時には職員の悩みの相談を受け、楽しく働ける職場づくりに率先垂範《そっせんすいはん》して取り組むことが大切です。良い介護スタッフを確保しても退職者が多くなれば、募集コストの増大や介護の質の低下が懸念されます。そういう意味で定着に向けた取り組みは、事業所においてとても重要です。対応困難なケースも多々ありますが、職員一人ひとりが悩みを抱え込まず、チームとして対応し、チーム全体の課題として解決に導けるような環境づくりが必要でしょう。

2　コミュニケーションの重要性

①　報告は速やかに

利用者の食事の席はあらかじめ決められており、毎日同じ席につきます。ある日、利用者の増加に伴い、配置換えをしました。その夜、食堂へ来たHさんが、自分の席に他の利用者が座っているのを見て、「いったいどういうこと？」と戸惑いの表情をうかべました。

I職員が、「すみません。今日席替えをしましたので、あちらの席へお願いします」と伝えると「なぜ、前もって相談してくれないの？　ひどいわね」と大変不機嫌な顔を見せました。

この事例で考えなければならないことは何でしょうか。事実関係を整理してみましょう。

1　食事の席の変更について、事前に利用者に相談しなかった。
2　変更したことを利用者に連絡していなかった。
3　利用者が自分の席に座ろうとしたときに、「あちらへお願いします」という対応をした。

このような事実関係で、いくつかの疑問があります。

疑問1　なぜ、利用者に相談しないで席替えをしたのか。
疑問2　なぜ、すぐに席の変更の連絡を利用者にしなかったのか。

疑問1について考えてみると、集団で生活するうえで、毎日同じ席に座っている利用者にとって、食事の席は小さなコミュニティになっています。こうした状況を知っているのであれば、事前に相談することは当たり前のことです。それをしないで席替えするということは、利用者同士のコミュニティを壊すことを意味します。

長く生活している利用者にとって、テーブルを囲む人たちは「大切な仲間であり、小さなコミュニティ」

です。この関係を利用者同士が築くまでには、職員には言えない苦労や思いがあったはずです。介護職員は、施設内の生活空間は単なる場所でなく、利用者の生活の質を決定する大きな要因となっていることを知る必要があります。したがって、席を替える場合は、利用者に必ず相談するようにしましょう。大事なことは、楽しみながら食事をする空間を創ることです。

疑問2について考えてみると、利用者の席の変更をしたら、すぐにそのことを利用者に連絡すべきでした。利用者に連絡しなかったのは、単に忘れていたからだと思われます。人間は神様ではありませんから、誰でも失敗をするものです。失敗をしたときに、落ち込むことなく、それを勉強の機会ととらえ、同じ失敗を繰り返さないようにすることが大切です。失敗から学ぶことを習慣にするとよいでしょう。

また、「こんな些細なことは連絡しなくてもよいだろう」と考えて連絡しなかった場合は、利用者にとって席替えは些細なことではないという視点を持ちましょう。常に利用者の立場に立って物事を考えるようにすると、いろいろなことが見えてきます。

さらに、利用者に席替えの相談も連絡もしないで、利用者が自分の席に座ろうとしたときに、介護スタッフから「あちらの席にお願いします」と言葉をかけられれば、利用者が不機嫌になるのは当たり前です。そのときに、介護スタッフが気を利かせて、「事前にご相談をしないで申し訳ありませんでした。席の移動をお願いしてもよろしいでしょうか？」と、謝罪したうえで改めて席の移動をお願いすれば、大きなクレームにはならなかったはずです。

② 誰かが確認するだろう

外出するJさんの見送りのため、何人かの職員が玄関に集まり、Jさんやその家族を送り出した後、それぞれが自分の持ち場に戻りました。その後、職員が報告書を玄関近くの事務所へ持っていくと、ホーム内のリビングで過ごしているはずのKさんが玄関から出たらしく、歩いているのが見えました。本人一人では外出後、戻ってくるまでの安全確保は難しいため、L職員は慌ててKさんに声をかけ、リビングに戻ってもらいました。

確認すると、Jさんを見送った後から、玄関のドアが開けっ放しになっていたことがわかりました。

この事例で考えなければならないことは何でしょうか。事実関係を整理してみましょう。

1　Jさんの見送りのために関係する職員が集まった。
2　見送りが終わったときに玄関の鍵をかけるのを忘れてしまった。
3　玄関の鍵がかかっていないために、Kさんが外出してしまった。
4　Kさんの外出に気づいた職員がKさんをリビングに誘導した。
5　こうした対応で事なきを得たが、そのまま外出してしまったら、事故になっていたかもしれない。

こうした事例は、施設で起きがちです。責任の所在がはっきりしないまま、日々の介護が行われているので、誰かが鍵をかけてくれるだろうという意識が働いてしまうのかもしれません。玄関の鍵をかける行為そのものは、たいして時間もかからず、介護職員にとって負担となるものではありません。そのことの重要性を認識していれば、互いに声をかけあって、鍵をかけることを忘れなかったに違いありません。

介護はチームプレーですから、互いに声をかけ合わないと、事故につながることがあります。自分の守備範囲を決めて、それ以外の業務を自らの業務と認識しないようでは、より良い介護はできません。

論語に、**過《あやま》ちては則《すなわ》ち改《あらた》むるに憚《はばか》ること勿《なか》れ**という言葉があります。私たちは、常に自分は正しいという意識があります。例えば、石につまずいて転んでしまったときに、自分を反省するのではなく、誰が石を置いたのか、というように石があったことが事故の原因であると考えてしまいます。石が悪い、石を置いた人が悪くて、自分は悪くないという論法です。この考え方は、人間である以上、誰もが少なからず持っています。自分を守るための自己防衛本能が働くからです。

しかし、自分中心ではなく、互いに支え合って生きることの大切さを学んだ人は、自らを反省するでしょう。そして、石につまずいて転んでしまったときに、後から来る人のために、石を取り除くかもしれません。人間が学ぶということは、そういうことをいうのです。自分が正しいときは、自己主張も必要でしょう。しかし、自分が過ちをおかしたときは、素直にそれを認め、すぐに改めることが、徳のある人間ということになるのです。

介護の現場で人間力を磨くためには、日々起きている事柄を他人ごとではなく、自分ごととしてとらえることが重要です。些細なことであっても重大な事故につながるおそれがあるということを意識しながら、自ら最善を尽くすことが重要になるのです。

この事例の場合、リーダーの指示で見送りをしようということになったのであれば、リーダーの責任においてミーティングを行い、再発防止に努めるべきです。自然とみんなが集まって見送りすることになったのであれば、その場にいた人たちが声をかけ合って、こうしたミスを防ぐことに努めるべきです。一人ひとりの職員がコミュニケーション能力を高めることによって、事故の防止はもとより、より良い介護が実現するのです。

業務を多くの職員で対応した場合、誰かがやってくれるだろうと考え、適切なリスク回避や確実な安全確保がなされないことがあります。その場合も、人任せにせず、職員一人ひとりが常に安全に気を配って業務を行うように心がけるべきでしょう。


リーダーたる者は、常に謙虚でなければなりません。自分が正しくないのに正当化しようとすれば、誰かが誤っていることにしなければなりません。こんな理不尽なことはありません。「自分は、いつも正しい。そして、他人はいつも誤っている」と、みんなが言い始めたら、争いごとの絶えない殺伐とした事業所になってしまいます。みんなが働きやすい職場をつくるには、互いに謙虚になることが必要です。リーダーは、率《そっ》先垂範《せんすいはん》して自分の過ちを認め、「常に自分が正しい」と主張する人には、苦情や事故があったときの事例検討会等で繰り返し「人間が陥りやすい過ち」を説明する必要があります。

③　確実な記録整備を

M施設では、職員の感染症による欠勤などにより、非常に忙しい時期がありました。職員は、清掃や入浴などの仕事に追われていましたが、職員同士のチームワークも良く、協力して乗り切りました。数か月後、法人内の業務監査が行われ、「この時期の清掃や入浴サービスの提供が行われた記録が残っていない」と指摘を受けました。対応したリーダーは「みんなで協力して確実に実施しました。記録が後回しになっているだけです」と答えました。

監査担当者は「サービスを実施したことの証として、記録は大変重要であり、自治体の実地指導などにおいても、サービスの実施の有無は記録が残っているか否かで判断される」と説明し、確実な記録の整備を求めました。

介護現場で、人手が足りないときは、介護スタッフ一人ひとりが忙しく立ち振る舞うことがあります。忙しいという漢字は、「心」を「亡」くすと書きます。忙しいと思っているときは、平常心を失っている可能性があります。

現場では記録よりも介助行為を優先させますから、記録ができていないことがよくあります。この事例で、なぜ記録が重要なのかを考えてみましょう。記録の意義としては、次の三点が考えられます。

■報酬を適正に請求し受領する・サービスの実績を適正に管理する　―コンプライアンス―

介護報酬は、その原資をたどると税金と保険料になります。不正に報酬を請求し、それを受領することは、公金の横領と見なされ、公益侵害と受け取られます。また、介護事業所においては、サービス提供の実績を適正に管理するために記録をつけることが求められます。記録をつけることの意義は、サービスが適切に管理されていることを第三者に説明できるという点です。記録を残すことは事業所におけるコンプライアンスなのです。記録がなければ、自分たちの主張が正しいことを認めてもらうことも困難になります。

■リスクへの備え　―リスクマネジメント―

介護事業を経営する際には、常にリスクを想定してマネジメントすることが求められます。災害や人材不足など、さまざまなリスクがあるなかで、実地指導等で最も指摘されることの多い事項が、人員基準、運営基準等の違反及び報酬請求違反です。こうした指摘を受けないためには、証拠書類としてのサービス管理記録が必要です。適切にサービスを実施していたという証拠書類の提示が必要になるのです。こうした書類を整備しておくことが、リスクマネジメントになります。

■サービスの質を上げる　―事業発展の基本―

サービスの質を上げるためには、いくつかの方法があります。一つは、利用者からの声を真摯《しんし》に受けとめることです。利用者からのクレームもサービス改善につながります。

また、記録を残すことにより、継続的なサービス改善が行われることになります。記録をつけることで、そのサービスが適切に行われたかを確認することができるとともに、記録をつけるという行為そのものが、当該サービスに意識を集中させることにつながります。介護を言語化することにより、介護の問題を明確にし、サービスの改善につなげることができるのです。

記録するうえで大切なことは、できるだけ効率的に行うということです。記録に時間がかかってしまい、本来のサービスに支障が出るようでは本末転倒になります。今後は、介護の生産性を上げるために、ＩＣＴを活用することも必要になるでしょう。自立支援に向けた質の高いサービスを提供するためにも、正確な記録を迅速にできる仕組みを構築することが大切です。アセスメントから、ケアプランの作成、実際のサービス提供とサービス提供記録の管理、記録に基づく報酬の請求など、より良い介護を提供するために、一気通貫のシステムが重要になるでしょう。

リーダーたる者は、介護事業所の経営を担う意識が必要です。介護経営とは、「人」「物」「金」「情報」をマネジメントして、事業所における最高の介護を提供することです。

最もよく奉仕する者が、最も多く報いられるという言葉があります。言い換えると、最も良い介護サービスを提供する事業所は、利用者が増え、その結果として収入が増加するという意味です。したがって、良いサービスを提供することが最も重要なのです。介護の質を上げるには、コンプライアンス経営を強化し、職員の質を上げることが大切です。職員の質を上げるには、人間力を磨く必要があります。人間力を磨くためには、論語を学ぶことです。すべての職員が論語を学べば、きっと素晴らしい介護を提供できる事業所となるでしょう。経営とは、人づくりなのです。

④ つい言ってしまった一言

夕方四時ごろナースコールがあり部屋を訪問すると、Nさんがトイレに座っており、その周辺には汚れた下着や便が散乱していました。驚いたO職員は「わー、ひどい」と大きな声を出してしまいました。

その声を聞いたNさんは、下を向いたまま何もしゃべらず、落ち込んでしまいました。職員は「今、片付けますので待っていてください」と伝え、処理をしましたが、Nさんの落ち込みは激しく、その日の夕食は一口も口にしませんでした。

この事例で考えなければならないことは何でしょうか。事実関係を整理してみましょう。

1　ナースコールがあってNさんの部屋を訪問すると、下着や便が散乱していた。
2　O職員は、部屋の状況を見て、「わー、ひどい」と大きな声を出した。
3　Nさんは、心ない一言で落ち込み、食事ができなくなった。

この事例から学ぶべきことを考えてみましょう。

1　心ない一言を言って、利用者の心を傷つけてしまったことを反省し、こうした言葉を発しないようにする。

２　Ｎさんのアセスメントが十分にできていなかったことを反省し、排泄リズムを把握して、トイレに誘導する介護を実践する。

３　人間の尊厳を護り、自立支援に向けた介護を実践する。

私たちは、思っていることをつい口に出してしまう動物です。心にないことは言葉にできないですから、心にあることが言葉として発せられるのです。したがって、こうした失言をなくすには、日ごろから「利他の心」を育む訓練をすることが大切です。介護専門職として相手を思いやる気持ちを醸成すること、良い言葉を使うように心がけること、マイナスのエネルギーを放つネガティブな言葉を使わないことなど、日ごろの生活態度を改めることが必要になります。人間としての尊厳を護るには、人間を学ぶ必要があります。

論語に、**己《おのれ》の欲《ほっ》せざる所《ところ》、人に施《ほどこ》すこと勿《なか》れ**という言葉があります。自分がされて嫌なことは、他の人も嫌なので、そのような行為をしてはいけないということです。自分が嫌なことは他人も嫌なのです。自分がしてほしいことを他人に対して行うことが大事になります。

また、**口は災いの元**という言葉があります。不用意な発言は、自分自身に災いを招く結果となるので、言葉は十分に慎むべきであるという意味です。日ごろから不用意な言葉を使わないようにすることを心がけていれば、いざというときに利用者を傷つける言葉を発することはないでしょう。

思っていることを口にすることが素直であるという誤った認識がありますが、素直な人というのは、人の意見を聞き、真実を把握できる人のことをいうのです。思っていても口にしない勇気を持ちたいものです。

介護の現場では、いろいろな人間模様があり、さまざまな出来事が起きます。こうしたなかでより良いケアを実践するには、相手を思いやる心を持ち、正しい判断と困難に立ち向かう勇気が必要です。自分の感情のままに行動しないために、自らの心を鍛えましょう。

また、排泄介護の在り方については、一人ひとりの排泄リズムについてアセスメントをしっかりと行い、個人の尊厳を護るための介護の在り方を、ケーススタディで学び実践することも必要です。繰り返しますが、個人の尊厳を護るための自立支援の介護、その考え方を身につけて実践することが、より良い介護の実現につながります。

3 リスクマネジメントの重要性

① 過信した技術が裏目に

その日の入浴担当であるＰ職員は、介助によって入浴を終えた利用者Ｑさんをシャワーチェアーから車椅子へ移乗しようとしていました。Ｑさんは体重があり、全身に力が入りづらいため、職員二人での介助を基本としていました。
経験のあるＰ職員は、「Ｑさんなら一人で介助しても大丈夫だろう」と他の職員が応援に来るのを待たずに、一人で移乗介助を行いました。Ｑさんは思っていたよりも重く、手が滑って床に転倒しそうになってしまいました。Ｐ職員は体勢を崩しながらもＱさんを無事に車椅子に移乗させることができましたが、無理な体勢での介助であったため、腰を痛めてしまいました。

この事例では、利用者のけがにつながらなかったので幸いですが、Ｐ職員が腰を痛める結果となってしまいました。ここから学ぶべきことは何でしょうか。いくつかの問題点を整理してみましょう。

1　大柄なＱさんの移乗は、二人の介助を基本としていたが、一人でも大丈夫だと考えた。
2　他の職員が来るのを待たずに一人で介助した。

3　一人で介助した結果、無理な姿勢をとることになり、腰を痛めた。

なぜ、二人で介助していたQさんを一人で介助できると考えたのか、この場面の心の働きを観てみましょう。P職員は、なぜ一人で大丈夫だと判断したのでしょうか。もちろん、過去の経験から判断したのでしょうが、他の要因はなかったのでしょうか。「他の職員を待っていられない」や「Qさんをあまり待たせてはいけない」など、何かの要因が働いていたとすれば、P職員だけを責めることはできません。

入浴後の移乗介助ですから、Qさんをあまり待たせることは良くないと判断したとすれば、Qさんの立場に立って介護したのですから、悪いことではありません。Qさんの入浴後の介助を二人で行うことになっていたとすれば、入浴中に応援スタッフが駆けつけていなければならないのです。入浴後、迅速に車椅子に移乗するためには、その時間に応援のスタッフがいなかったことが問題です。待っても、待っても他の職員が応援に来なかったならば、一人で介助するのはやむを得ません。

しかし、自分勝手に大丈夫と判断して、一人で介助したとすれば、これは自分の技術に対する過信となります。「アセスメントなくしてケアプランなく、ケアプランなくしてサービスなし」という言葉があります。Qさんのアセスメントの結果、二人介助の方針がケアプランに位置づけられている場合は、二人で介助することが基本ですから、一人で介助してはいけません。自分の技術を過信しないで、原理原則にしたがって介助することが、転倒事故や腰痛を防ぐことにつながります。

もう一つ検討しなければならないことは、Qさんのアセスメントに基づいたケアプランの見直しです。介護の方法は、介護機器の導入に伴って変わるものです。腰痛予防のために持ち上げない介護の実践が始まっていますが、介護ロボットの導入により、さらに拍車がかかるかもしれません。個人の介護技術に依存するよりも、施設全体でこうした事故を未然に防ぐために、全職員が介護機器を上手に活用できるようにすることも必要です。

論語に、**学びて思わざれば則《すなわ》ち罔《くら》し、思いて学ばざれば則《すなわ》ち殆《あやう》し**という言葉あります。これは、「学ぶだけで自ら考えなければ知識を生かすことができず、自分勝手な考えだけで学ばなければ失敗をする」という意味です。常に学び続けること、そしてその学びを自分のものとすることが重要なのです。

リーダーたる者は、常に学び続ける姿勢を持たなければなりません。新しい介護機器の導入によって、過去の知識や技術が通用しなくなる場合もありますから、学び続けることが必要です。学んだことを自分のものとして、周りにいるすべての介護スタッフに伝えましょう。

事業所のすべての介護スタッフが学ぶ姿勢を持つようになると、介護が楽しくなります。「知るは楽しみなり」です。学ぶことによって、仕事が楽しくなるのです。逆に楽しく仕事をするためには、現場で起きるすべての事から学ぶ姿勢を持つことです。人間力を磨く研修道場として、こんな素晴らしい仕事はありません。**之《これ》を知る者は、之《これ》を好む者に如《し》かず。之《これ》を好む者は、之《これ》を楽しむ者に如《し》かず**という論語も自分のものにしましょう。

②　不注意が招いた誤薬

夜勤のR職員は、就寝前の薬を飲んでもらうためにSさんの部屋を訪問し、薬箱から薬を取り出して準備を始めました。その最中にナースコールが鳴動し、別の急な用事で他の利用者に呼ばれました。

R職員は、Sさんに待ってもらえるものと判断し、「すぐに戻るのでお待ちください」と説明してその場を離れました。すぐに戻れば問題ないと思い、服薬介助の準備はそのままにしていました。用事を終えて戻り、「薬を飲みましょう」と声をかけると、Sさんは「もう飲んだよ」と言いました。よく確認してみると隣の方の薬がなくなっていました。

この事例で検討しなければならないことは何でしょうか。「このくらいなら大丈夫だろう」と判断したことが、利用者の誤薬事故につながってしまった事例です。不注意な行動が重大な事故を引き起こすリスクになることを認識する必要があります。

この事例から学ぶべきことは、服薬管理の重要性、夜勤等介護スタッフの手が足りないときのケアの在り方、緊急通報があったときの対応です。

■服薬管理の重要性

服薬管理の重要性については、言うまでもありません。薬は私たちの体に大きな影響を及ぼします。医師の処方箋に基づいて、適切に服薬することが大切です。誤った薬を飲むことで、命を失う危険性を高めることもあります。誤薬をいかに防ぐかについては、しっかりとケーススタディをして、すべての介護職員が同じレベルで対応できるようにしなければなりません。

■夜間の見守り

夜間は、介護スタッフが少なくなり、十分なケアができない状況になります。夜間については、利用者一人ひとりが質の高い睡眠をとれるようにするとともに、介護事故を防ぐために、適切な見守りが求められます。こうしたケアの環境をつくるためには、見守り系の介護ロボットの導入等も視野に入れて、介護職員の負担を軽減する取り組みも必要です。

■緊急通報への対応

夜間の人手が足りないときに緊急通報があると、介護スタッフは、通報のあった部屋に急行することになります。控室にいるときであれば問題ありませんが、利用者のケアをしている最中に緊急通報があると、適切な対応がしにくい状況になります。また、ナースコールが同時に鳴ることもあります。こうした場合に、適切なケアができるように日ごろからトレーニングしておくことが重要です。さらに、見守り系の介護ロボットを導入することにより、介護職員の負担を軽減するとともに、ケアの質を高める取り組みも検討する必要があるでしょう。

一人ひとりの利用者の適切なアセスメントに基づいた介護を実践するには、情報を共有したチームケアが基本となります。日ごろからチームケアの仕組みを機能させるとともに、介護職員の知識や技術を補い、負担を軽減するための取り組みを進めることが必要です。

そのためには、**切磋琢磨《せっさたくま》**していかなければなりません。切磋琢磨《せっさたくま》とは、友人同士が互いに励まし合い競争し合って、共に向上することを意味します。介護事業所において、職員同士が切磋琢磨《せっさたくま》して、一人ひとりの人間力を磨いていくと、素晴らしい事業所になることでしょう。四書五経の「大学」に、**日々に新《あらた》に**という言葉があります。「昨日よりも今日、今日よりも明日、もっと良くなるように心がけなければならない」という意味ですが、介護施設における介護も、日々改善していくことが大切です。

リーダーたる者は、事業所における問題点を明確にして、優先順位をつけて問題解決を図るための仕組みを機能させる必要があります。こうした改善を継続的に行うことが、介護スタッフの育成と事業所の発展につながります。リーダーは、日々の改善を楽しむ心を持たなければなりません。そのためには、介護スタッフ全員が「切磋琢磨《せっさたくま》」して、学び合う環境をつくることが大切です。「介護現場は人生道場である」と考えることによって、すべてから学ぶことができるのです。その学びを実践し、その成果を実感できるようになると、介護の仕事を楽しめるようになり、介護職を天職といえるようになるのではないでしょうか。

Column

コラム❷ 和を貴《たっと》しと為《な》す

論語に、「和を貴《たっと》しと為《な》す」という言葉があります。これは、「社会秩序を維持するためには、日常の礼儀作法からさまざまな儀式を厳格に行うことが重要だが、厳格に運用しすぎると堅苦しくなるので、和らぐことが大切である」という意味です。春秋戦国時代において、社会秩序の維持は、重要なことであったはずです。そのために、孔子は礼儀や礼節を重んじて政治を行うべきと諸国の王に説いていたのです。

礼儀とは、人間関係や社会生活の秩序を保ち、人として守るべき行動を指します。礼節とは、表面的な付け焼き刃の礼儀ではなく、心が伴った言動といった道徳的な意味合いがあります。

最近、礼儀をわきまえない人が多くなったといわれますが、どんな時代においても、他人との人間関係を良好に保ち、組織の秩序を維持するには、礼儀や礼節が大切なのです。かといって、礼儀とか礼節を厳しく言うと堅苦しくなるので、「人の和が大切である」ということです。社会秩序を良好に維持するためには、「礼」と「和」のバランスを上手にとることが大切であるということではないでしょうか。

聖徳太子が六〇四年に制定したとされる「十七条憲法」の第一条の冒頭に、「和をもって尊しとなす」とあります。これは、「物事を進める際には、お互いの心が和らいで協力し合う関係が貴いのであって、これが根本的態度でなければならない」ということです。この十七条憲法の制定に当たって、聖徳太子は論語を学んでいたのではないかという説がありますが、十分に考えられます。論語だけではなくさまざまな書物を参考にしながら、これからの日本の国づくりに必要な根本的な考え方を、十七条憲法に記したのではないでしょうか。そして、この「十七条憲法」の「和」の精神が日本の国の礎になっていくのです。

第2章 先進的な事例から学ぶ

1 人材を確保し育成する

①「地域のつながり」を活かす

最近は、介護人材の不足により、多くの介護事業所において、人材募集にかかる費用が増大し、経営を圧迫しています。T事業所でも同様で、管理者のUさんは、こうした課題を解決するには、地域全体で事業者同士がネットワークを構築して、必要な人材を確保することが有効ではないかと考えました。

そこで、U管理者は、人材確保のネットワーク構築を考えるにあたり、地域の介護事業所や町内会、介護福祉士の養成課程をもつ大学、養成施設などに声をかけ、多世代・多職種交流を図る地域協働イベントを開催しました。

この事例で検討すべきことは何でしょうか。地域協働イベントの意義を整理してみましょう。

1　地域協働イベントの開催は、地域にどのような効果をもたらすのか。
2　地域に暮らす住民にとって、どのような効果があったのか。
3　学生にとって、どのような効果があったのか。
4　介護事業所の人材確保につながったのか。

はじめに、地域協働イベントの開催が、地域にどのような効果をもたらすのかについて検証してみましょう。

地域協働イベントの難しさは、地域によって異なります。住民が積極的に参加し、地域の団体や関係者が実行委員会のメンバーとして加われば、さまざまな効果を得ることもできると思います。しかし、地域住民が積極的に関わりを持たない地域では、さまざまな工夫と取り組みが必要になります。

具体的には、介護事業所を地域に開放して、地域のイベントを介護事業所内で開催する方法があります。地域住民に介護事業所のことを知ってもらい、今後の連携協力体制をつくるためには、地域への開放とともに、地域住民が参加しやすい仕組みをつくることが有効です。事業所内に広い敷地があれば、そこで地域住民を対象とする健康体操を実施することも有効でしょう。施設内で認知症サポーター養成講座を実施することもよいかもしれません。

こうした取り組みを進める際に大切なことは、地域包括ケア会議等で地域の課題を話し合って、関係者間で課題解決に向けた取り組みを進めることに合意を得ることです。地域の課題は地域によって異なりますから、他の地域で成功したモデルがすべての地域で成功するとは限りません。その点に留意する必要があります。

自治体や社会福祉協議会、その他の団体を巻き込んで地域のイベントに育てていくことが必要です。また、地域の他の事業所にも声をかけて、一緒に地域イベントを盛り上げることも大切です。事業所における人材確保に向けた取り組みを、地域包括ケアシステムの推進に上手に組み込むことが必要です。介護の専門職の育成とともに重要なことは、地域住民の参画です。すそ野を広げる意味でも、地域イベントを立ち上げ、活用することは有効だと思います。時間がかかりますが、地域住民の理解を得ながら進めることが大切です。

次に、地域住民にとってどのようなメリットがあるのかを整理してみましょう。地域に暮らす住民にとっては、住み慣れた町で地元の学生や介護事業所との関わりの機会を持てたことは、住み慣れた地域でいつまでも暮らすことができるという安心感につながったのではないかと思います。町内会の役員は高齢化が進み、自治会に入らない住民も出てきているなか、介護事業所の若い職員や学生との交流は、地域の活性化のために重要で楽しいイベントになったと思います。

課題は、こうしたイベントの参加に積極的でない住民をいかに巻き込んでいくかを検討し、実行委員会のなかで新しいチャレンジを続けることです。

一方、学生にとっては、進路を考えていくうえで介護事業所の魅力を知るきっかけとなったのではないでしょうか。核家族化で高齢者と触れ合う機会が減少しているなか、高齢者と触れ合う貴重な機会になったと思います。事例として取り上げた地域は、大学があって学生がいることが財産です。地元の学生が、地域包括ケアシステムの推進に向けて、地域のさまざまな活動にそのパワーを活かすことは、学生にとっても、介護事業所にとっても、互いにプラスに作用すると思います。

最後に、結果として、このイベントは人材確保につながりませんでした。しかし、職員にとって介護事業所の新たな可能性を見出す機会となり、同業他社のホスピタリティを間近に体感し、自らのサービスを振り返る機会につながったと思います。

人材確保という課題の切り口として、介護スタッフを中心とした「地域でのつながり」を目的としたイベントの開催が、地域ネットワークの構築につながり、そのなかで職員自身の成長につながる事例として参考になると思います。

このような地域での活動を実践するには、論語を学ぶことが有効です。論語を学ぶことにより、「思いやりの心」を育むことができます。この「仁の心」が、人と人との関係を良くしてくれるのです。例えば、**「巧言《こうげん》令色《れいしょく》鮮《すく》なし仁」「我、仁を欲すれば、斯《ここ》に仁至る」「知者は惑《まど》わず、仁者は憂《うれ》えず、勇者は懼《おそ》れず」「苟《いやし》くも仁に志《こころざ》せば、悪《あ》しきこと無し」「徳は孤《こ》ならず、必ず隣《となり》有り」**などは、現在にも通用する格言といってもよいでしょう。

介護事業所にいると、他の事業所のことや地域のことがわからなくなって、視野が狭くなってしまいます。地域に出て、他事業所とのネットワークのなかで活動することによって、他では得ることのできない経験をすることができます。こうした活動が職員の成長にもつながるのです。「自分良し」「相手良し」「世間良し」の「三方良し」の考え方を持って、地域での活動を継続することにより、介護事業所が地域からの信頼を得て、人材の確保につながるのだと思います。

② 子育て中の女性を活かす

V事業所では個別機能訓練加算の算定を進めるにあたり、日曜日のみセラピストの確保をしたいと考えていましたが、厳しい状況でした。そこで、V事業所の管理者のWさんは在職している子育て中の女性スタッフ（理学療法士）に「日曜日に三時間から四時間、週一日勤務で働けるセラピストはいないだろうか」と尋ね、理学療法士を紹介してもらうことにしました。

女性スタッフから紹介された理学療法士は、子育てをしながら働きたいという希望を持っていましたが、病院への復職は不可能だとあきらめていました。そこで、日曜日に四時間程度の勤務ができないか打診したところ、本人から了承の返事をもらい、採用につながりました。

この事例は、事業所において子育て中の女性を活かす人材確保の一例です。子育て中の女性（理学療法士）を事業所の機能訓練指導員に充てることにより、事業所にとっては、個別機能訓練加算が取得できるようになりました。女性スタッフにとっても、一日四時間、週一回の勤務で働くことができるようになり、双方にメリットをもたらすことに成功しました。

こうした取り組みは、勤怠管理が煩雑になるなどの課題はありますが、柔軟な働き方を選べることで、子育て中の職員間で助け合う風土が事業所内で醸成され、離職率の低下につながります。また、短時間勤務での採用が全職種の採用形態としても広がり、多様な人材の確保につながるようになると思います。

事業所の管理者は、以前より友人の看護師から「病院でスキルを身につけた医療職が、出産等で退職した後に復職するのは、技術的・心理的ハードルが高い」という話を聞いており、専門職の採用に対し問題意識を持っていました。働きたくても働けない医療職においては、職場復帰ができる機会を持てることはありがたいので、有効な取り組みといえます。

看護師が、休職・退職前と同じ働き方をしながら子育てをするのであれば、体力的・精神的に大きな負担となるでしょう。また、仕事を一切しなくなって子育てに専念すると、職場に復帰することに対する一抹の不安も残ります。こうした不安の解消にもつながる取り組みといえるでしょう。

この事例は、医療職のみならず、社会において子育て中の女性が誰しも抱える共通の課題を解決する取り組みだと思います。このような潜在労働力の発掘は、介護事業所と子育て中の女性の双方にメリットをもたらします。

介護・医療人材を確保するには、事業所として必要な即戦力の採用を考えるだけではなく、多様な働き方を選択できるよう、パート勤務でありながら専門性を活かすことのできるアプローチが必要かもしれません。

人材の確保において、一般的な雇用の枠組みで進めるのではなく、柔軟な雇用システムをつくることによって、優秀な専門人材を確保することが必要です。その際に大事なことは、スタッフの生活スタイルを尊重するということです。働く人の生活面を重視して、働きやすい職場づくりを進めることが、人材確保につながるということです。こうした取り組みは、年齢や性別、障害の有無やキャリアの違いなどに左右されない多様な人材の雇用・定着を進める観点からも、参考になるのではないでしょうか。

③ OJTによる人材育成

新入社員のX職員は、コミュニケーション能力は高いものの言葉遣いが幼く、利用者から怒られてしまうことも多々ありました。年齢が若く体力があったので、介護技術に関しては、指導担当者が一つひとつ教えることで日々成長が見られました。

しかし、言葉遣いについては、本人の自覚が薄く、一人の職員が教育しても改善は見られませんでした。そこで、職場全体でX職員を指導していく方針に変更し、全職員で一人の職員を育てるという目標を設定しました。指導方針や目標期間を設定し、情報共有のツール作成を行い、教える側が統一したプログラムにしたがって新人教育を行った結果、X職員は言葉遣いも良くなり、利用者からの信頼も厚くなって、本人も向上心を持って仕事に励むようになりました。

その後、X職員は介護福祉士として研鑽《けんさん》を積み、より専門性を高めることに魅力を感じて看護師の

資格を取り、利用者の生活を医療面から支えるスタッフとして活躍しています。

この事例は、新人教育を全職員で行うという取り組みです。全員で対応することに対して、初めのうちは指導する側も指導を受ける側も戸惑いが見られましたが、職員同士のコミュニケーションを図ることにより共通理解が進み、同時に職場環境も改善していったという事例です。コミュニケーションが増えることで、利用者へのサービス提供という面でも、改善が見られたと考えられます。

この事例から学ぶことは何でしょうか。人材育成の面から考えてみましょう。

X職員の「人のために何かをしたい」という気持ちを職場全体でサポートすることによって、X職員は介護の仕事の魅力を感じ、さらに挑戦しようという気持ちになっていったのです。

新人職員を全職員がサポートする取り組みは、新人職員だけでなく、全職員にとって、さらに職場環境全体にとって、良い効果をもたらしました。なぜこうした取り組みが成功したのでしょうか。なぜ成功したのか、その要因を分析しておくことが重要です。

1　Xさんが素直な心を持っていたこと
2　全職員で一人の職員を育てるという目標を共有できたこと
3　目標に向かって全員が実践し、それをモニタリングしたこと

資格を持っているから、良い介護ができるわけではありません。介護の本質は、一人の人間の生活を支え

ることです。もっといえば、人間の幸せを支援することです。それには、介助技術だけでは不十分です。コミュニケーションが上手に取れないと、利用者の心の扉を開くことはできません。相手を思いやる気持ちがあってこそ、それが言葉になって表れるのです。人間が大好きであることが大切です。加えて笑顔で介護ができる資質を磨くことが必要です。

介護は、単なる介助という行為そのものを指すのではなく、人間の心の働きを考慮に入れて、人間としての尊厳を護り、一人ひとりの幸せを支援する崇高な仕事なのです。こうした介護の価値観を全職員が共有し、新人教育にあたることが介護現場を変えていくのです。

論語に、**苟《いやし》くも仁に志《こころざ》せば、悪《あ》しきこと無し**という言葉があります。その意味は、「他人を思いやる心さえ忘れなければ、悪い心を抱くことはない」ということです。X職員の成長を願って全職員がX職員をサポートしたことは、素晴らしいことです。その思いが通じて、X職員は介護の魅力を知ることとなり、向上心が芽生え、さらに上位の資格として看護師を目指したわけです。介護福祉士も看護師も大事な専門職ですが、共に相手を思いやる気持ちを持たなければ、いくら知識があっても利用者の生活を支えることはできません。

人材確保が難しい社会情勢のなかで介護事業を継続するためには、質の高いサービスの提供をしなければなりません。それには、人間教育が不可欠です。論語は、人間教育の教材として最適なのです。

2 モチベーションを高める

① 風通しの良い組織づくり

Ｙ管理者が着任した事業所は、前任の管理者の運営方法に不満を持つ職員が多く、離職の多い問題のある職場でした。そこで、着任後すぐに取りかかったのは、現場の各職種のリーダーと面談することでした。その結果、現場のリーダーからは、「何を言っても変わらない」「言われたとおりにやるだけ」と、なげやりな様子が見てとれました。

そこで、各専門職の業務を整理し、適正な業務分担のもと、専門職として働ける環境を整えました。さらに、業務のなかでの不満や不安を聞き取り、「どのようにすれば全職員が働きやすい職場になるのか」について話し合いました。また、話し合った内容をふまえ、職員に自らの目標を設定してもらいました。こうした会議を通じて、利用者に対するサービスの在り方と自らの働き方について、職員が納得できるようにしました。その結果、職員のモチベーションが徐々に上がり、業績も改善の傾向が見られるようになりました。

この事例から学ぶことは何でしょうか。それは、職員のモチベーションをいかに高めたらよいかということです。モチベーションの向上は、サービスの質の向上と職員の働きがいにつながります。Ｙ管理者が赴任した職場では、職員の不平や不満が渦巻いていました。まずこれを除去しないと前向きな考え方をもって事に当たることが難しいですから、そのことに取り組んだわけです。職員の本音を聞き出し、そのなかから、前向きな提案を積極的に取り上げる管理者の姿勢は、提案者からすれば、自らの提案によって業務改善が進んだことへの満足感、上司に認められたという充実感が得られます。こうしたことを経験した職員は、仕事に対する取り組み姿勢が変わってくるものです。

すぐに実行できない提案については、検討する時間が必要なことを伝え、何度も話し合い、合意形成を図ることが必要です。繰り返し話し合いを重ねることで、提案者自身のモチベーションが維持されると同時に、職員とのコミュニケーションを通じて組織の風通しが良くなるのです。

さらに、長期的に検討していかなければならないこと、施設だけでは結論が出せないことに関しては、話し合いの場において、定期的に進捗状況を共有することを心がける必要があります。すぐには変えられなくとも、提案をしたことが無駄ではなかったという意識が残るからです。

話し合いをすることで、それぞれの職員の思いや考えの違いがわかり、それを共有することができます。より良いサービスを提供するために、全職員が一丸となって進むべき道を歩んでいるという意識が重要です。

話し合いを繰り返すことでコミュニケーションの機会が増え、コミュニケーションが増えることで職員同士の連携が生まれ、業務にゆとりが生まれてくるのです。こうした状況になると、職員はより働きやすくなり、それまでは手の行き届かなかったことも業務のなかで行えるようになります。自分がやりたいことに力を費やす時間が取れるので、職員のモチベーションをさらに高めることができるのです。

モチベーションを上げるには、常に目標や夢を追い続けていかなければなりません。漠然としたものではなく、はっきりとした目標を持つことで、モチベーションの維持につながります。

事例では、職員自らが目標を設定したことがモチベーションの維持につながったと考えられます。職員が職場の問題点を指摘し、改善するための方策を提案することができれば、その職場は良い方向に向かって進みます。管理者がトップダウンで指示すると、職員は目標というよりもノルマと感じてしまうので逆効果になることがあります。

自分の働く職場がより良くなることを嫌がる職員はいないはずです。ただ、変化を嫌う職員がいることは事実です。全員で良い方向に向かうために、まずは話し合い、少しずつ改善していくことにより大きな成果を得ていくことが大切です。

積《せき》小《しょう》為《い》大《だい》という二宮金次郎の言葉があります。「小さなことをコツコツとやり続けることが、やがて大きな成果につながる」という意味です。職場の改善も同様です。急激な変化を望む人は多くいませんから、小さなことから始めてコツコツと続けることが大切です。

また論語には、**之《これ》を好む者は、之《これ》を楽しむ者に如《し》かず**という言葉があります。その意味は、「ある物事を好きな人は、それを楽しんでいる人にはかなわない」ということです。自ら好んで業務改善を進めることが大切ですが、業務改善を楽しむ姿勢に変わることによって、さらに仕事が楽しくなって業務改善が進むのです。仕事が楽しいので、いろいろなアイデアがわき、それを実践することによって、充実感が得られます。そうすると、利用者とのコミュニケーションも上手にできるようになり、利用者から感謝の言葉が増えるでしょう。利用者の感謝の言葉は、心のビタミン剤となってモチベーションアップに役立ちます。こうした喜ばしいことを継続することが、仕事を楽しむことにつながります。

リーダーたる者は、介護の仕事を楽しめる人にならなければなりません。仕事を楽しむ境地になれば、どんな苦労もいとわなくなります。

② ほめることがモチベーションアップにつながる

Z事業所では、「ほめ合う制度」を創設しました。

① ポジティブな感情は人のモチベーションを高くするうえでネガティブな感情よりも強い影響力を持つというポジティブ心理学を実践する

② 人間関係の悪化は介護職の離職理由の上位に位置していることから、互いをほめ合うことによって職場の雰囲気の改善を図る

③ 周囲からの評価を聞くことで自分自身も知らなかった自分の強みや良さに気づくきっかけにする

ほめることのメリットを活かし、モチベーションの向上、職場の人間関係の改善を図り、人材の定着につながることが狙いです。

この事例は、事業所における介護職員が全員参加して、互いにほめ合う制度をつくり、実践したものです。似たような取り組みとしてサンクスカードやありがとうメッセージなどがあり、成果を上げている事業所もあります。

人は、ほめられるとうれしいものですし、やる気がでますが、一方で、お世辞を言われると、うれしくありません。義務としてほめるということになると、本来の目的を達成することが難しくなるおそれもあります。

そういう意味でモチベーションを上げる目的でほめることを制度化することは、運用面での配慮が必要になります。

良い面の効果として、「今まで失敗ばかりしていて、自分の仕事に自信が持てなかったが、みんなからほめてもらい自信が持てた」とか、「あまり話すことがないスタッフのことも書かなくてはいけないため、相手をしっかりと見るようにする習慣がついた」などの声があがります。

また、「自分が意識していない行動がほめられていて、意外なところで評価されていて良かった」と新たな気づきにつながるという効果もあります。人間関係が良好になり、離職を防ぐ効果も期待できます。

一方で、こうした取り組みを進める際の課題もあります。それは、この制度を運用するスタッフの負担が増加するということです。また、提出期限を守らないスタッフや、記入することの負担に対する抵抗感からネガティブな発言をするスタッフもいます。スタッフの負担増に関しては分担の見直しや書式の見直しで改善が図られると思われますが、スタッフの意識に関しては、なぜこの取り組みを行っているのか、制度の意義を十分に理解してもらって、プラス効果を出せるように意識を統一することが必要です。

互いに気持ちよく仕事ができる環境をつくるためには、業務の負担とならない取り組みが必要であり、職員の意識改革を同時に行わないと、モチベーションを高めることにつながりません。

コラム❸　職員のモチベーションを高める

モチベーションを高めるためには、次の方策が有効と考えられています。

1　組織の秩序を保ち、規律正しい組織運営を行うこと
2　疎外感を感じさせない温かい職場の雰囲気をつくること
3　一人ひとりの職員を公平に処遇すること

ここで大切なことは、規律正しい組織をつくるために、リーダー自らも規律を重んじることです。また、温かな職場の雰囲気をつくるには、不平や不満をいわないようにすることとともに、感謝の気持ちを伝えるようにすることです。リーダーが率先して「ありがとう」という感謝の言葉を伝えるようにしましょう。そして、一人ひとりの職員を公平に処遇することが重要です。

なお、離職防止には、メンター制度が有効であるという報告があります。メンター（mentor）とは、「良き指導者。助言者」という意味です（広辞苑）。一般的に、企業などで、後輩社員に対して、業務上の指導や助言をする、サポート役の先輩社員をいいます。メンターが一人ひとりの職員の悩みや困りごとを聞きながら、一緒に解決に向けて取り組みます。メンター制度がなくても、管理者やマネジャークラスが職員の悩みや困りごとを聞き、対応している事業所もあります。

③ 多職種連携の取り組み

介護業界においては、新規開設事業所が増加しているために人材不足に陥っている事業所が増加しており、職員にとって心身ともに大きな負担となっています。
とりわけ介護専門職には、利用者・家族の心身両面にわたるケアの提供や人材育成に関わるなかで生まれる悩みが多数あることが判明しました。そこで、同じ境遇に置かれている専門職の悩みを解決するために、地域に所在する事業所の専門職が集まって「現場ファーストの会」を立ち上げました。

これは、多職種連携の推進と専門職の悩みの解決に向けた取り組みの実践事例です。多職種による「現場ファーストの会」の目的は、現場の専門職が集まって、それぞれの専門職としての立場から課題や悩みを話し合い、そのなかから得られた気づきを、職場に持って帰るというものです。

管理者は、管理者特有の悩みがあるもののそれを相談できる人がおらず、専門職も、一人職場となっているところをよく見かけます。「現場ファーストの会」は、こうした背景から生まれた多職種連携の仕組みと位置づけられます。

「現場ファーストの会」を毎月開催することにより、悩みを抱えた参加者に変化が見られるようになりました。参加者は、一人ひとりが抱えている課題や悩みを自然と発言できるようになり、専門職種もさまざま、事業種別もさまざまということで、いろいろな立場からのアドバイスが得られることに魅力を感じてきたのです。また、「現場ファーストの会」でのディスカッション手法は、職場に持ち帰って、人材育成の手法としてグループワーク等に活用されました。

このように地域の事業所が集まり、一つの事業所を超えた関わりを通じて、次第に同職種・他職種のネットワークが構築されていきました。こうした実践を重ねることにより、介護職員や地域包括支援センター職員向けに、ケアマネジメント研修を実施できるようになりました。こうして、「現場ファーストの会」は、現場の専門職の悩みを解決する活動にとどまらず、研修会や事例発表会の開催、また、日ごろの業務での関わり合いを通して、ケアマネジャー、社会福祉士、作業療法士、福祉用具専門相談員、看護師といった専門職による多職種連携を図る仕組みに発展していったのです。

論語に、**学びて時に之《これ》を習う。亦説《またよろこ》ばしからずや**という言葉があります。その意味は、「師から学んで、その学んだことを自分でくり返し復習し、身につけていくことは、とてもうれしいものである」ということです。昨日までできなかったことが、今日できるようになることは、とてもうれしいものです。介護の現場には、いろいろな学びがあります。学ぶ気持ちさえあれば、利用者から、同僚からさまざまなことを学ぶことができます。そして学んだことを実践する機会があり、その実践を通して自らを磨くことができます。

また、これには、**朋《とも》有り、遠方より来たる。亦《また》楽しからずや**と続きがあります。意味は、「同じ志を持つ友がいて、時々遠くからやってきて、互いに刺激し合えることほど楽しいことはない」ということです。一人で学ぶよりも同じ志を持った者同士で学び合うことが、もっと楽しいということです。介護道を極めようとしている友人と介護の本質を語り合える機会があると、互いに切磋琢磨《せっさたくま》できるので、毎日の仕事も楽しくなるのではないでしょうか。

「ケアを行う人間にこそ、しかるべきケアがある環境の構築が必要なのではないか」という視点からはじめられた「現場ファーストの会」という仕組みづくりは、同じような悩みを抱えるスタッフ同士をつなげるとともに、その地域の同職種・他職種が意見交換のできる機会の創出にまで広がりをみせました。

こうした取り組みは、スタッフのモチベーションの維持・向上につながります。また、事業所を超えた、同職種同士・他職種との意見交換の機会は「地域連携・多職種連携」へと昇華する可能性を秘めています。「地域連携・多職種連携」は、地域包括ケアシステムを構築するための、重要な要素の一つです。

なお、こうした活動には、主体的に他事業所の専門職に声をかけ、会を運営するスタッフが必要です。「現場ファーストの会」は、「現場」からさまざまなことを学ぶ姿勢を貫いています。「現場ファーストの会」という名称そのものが、「現場」を重視し、「現場」を大切にするという考え方を表しているといえます。一人で悩まず、地域のさまざまな立場の人から知恵を借り、切磋琢磨《せっさたくま》しながら、より良い介護を実践し、結果として、地域包括ケアシステムの推進につなげていく「現場ファーストの会」の実践は、素晴らしい取り組みといえます。

他の地域においても、「現場ファーストの会」の取り組みを参考にして、より良い介護の実践と地域包括ケアシステムの推進が進められることを期待しています。

3 生産性を高める

① 情報共有による生産性向上

介護の提供にあたっては、利用者一人ひとりの状況に合わせた介護が必要になります。したがって、決められた時間に決められた介助をすることが、必ずしも本人にとって良い介護につながらない場合があります。

そこで、A施設においては、個別性の高い介護を提供するとともに生産性を高めるために、一日のタイムスケジュールを「見える化」することにチャレンジしました。具体的には、利用者のアセスメント結果をもとに、時間ごとに何を行えばよいのか、誰が行えばよいのか、何人で行えばよいのかを明確にする取り組みを行いました。

その結果、誰が何をしているのかが一目瞭然となり、職員の連携が生まれ、無駄な動きを削減することができるようになりました。

これは、交代勤務により多職種が働く介護施設であっても、一日のタイムスケジュールを「見える化」することにより、介護の生産性を上げられることを実証した事例です。

利用者の状態変化に合わせて、タイムスケジュール表を更新することにより、常勤職員だけでなく週一回のパートタイマーも、円滑に業務を行うことができるようになりました。

A施設では、生産性向上のために作成したタイムスケジュール表を職員教育のツールとしても活用しています。つまり、一定の能力を持つ職員が無理なく実施することのできるタイムスケジュール表は、「介護の標準化」並びに「サービス品質の統一化」に貢献するということです。


介護職員全員が介護業務の理解を深め、情報の共有を進めることは不可欠なことであり、それを行うためには誰が見てもわかる共通のシートが必要になります。作る手間はあるものの、日々の業務を円滑にすることを考えると、その手間を惜しむ理由はないと考えます。

また、タイムスケジュール表を作成する際や、実際に使用しているなかで、さまざまな意見が出るようになります。その意見を踏まえて見直すことで、全員参加の介護が実現します。


生産性が高い組織は、いずれも次の三つの特徴を持ち合わせているといいます。それは、①高い倫理観を持っている、②公平な時間配分をしている、③互いを認め合える、という特徴です。これらを持ち合わせた組織は、全員が互いの長所を認め合い、短所をカバーし、より多くのアイデアや価値観を共有しながら、目標達成や業務遂行を目指すことができます。

介護専門職としての高い倫理観を身につけるには、論語を学ぶことが最適です。論語は、二五〇〇年の時を経ても変わらぬ価値を持ち続けています。決して難しい哲学ではありません。仕事や家庭生活において悩んだ時に、論語の**己《おのれ》の欲《ほっ》せざる所《ところ》、人に施《ほどこ》すこと勿《なか》れ**という言葉を思い出してください。この言葉は、私たちが自然と身につけている「当たり前」の考え方です。意味は、「自分がしてほしくないことを、人にするべきではない」ということです。相手を思いやり、相手が嫌がることはしてはいけないという教えです。まず自分の行動を慎み、全体のルールに従うことが大切です。

介護専門職は、多職種協働して力を合わせて働かなければ、より良い介護の提供ができないはずです。しかし、互いに中傷し合ったり、足のひっぱり合いをしたりして、相手の嫌がることをするときもあります。

そんなときは、介護職員同士で論語を学ぶ機会をつくりましょう。互いの信頼関係が構築できれば、多職種協働も進み、タイムスケジュール表の価値もさらに高まることでしょう。

②　事業安定化に向けた取り組み

Bさんは、C訪問介護事業所の管理者として赴任しました。その当時、管理者を含めた介護スタッフは八人、そのうちフルタイムで働ける職員は三人、利用者は三〇人程度でした。月間の営業収入は二〇〇万円程度の小さな事業所でした。

C事業所は、スタッフの確保が困難ななか、利用者を増やすことができないので、負のスパイラルに陥っていました。そこで、次に紹介する取り組みを通じてスタッフの定着を図るとともに、利用者の確保につなげ、事業の発展に貢献しました。

管理者のBさんは、新しいことを始めるのではなく、普段の取り組みを深く実践するよう心がけ、焦らずに「時間をかける」を念頭において取り組みをスタートさせました。最初に取り組んだことは次の三点です。

■離職を防ぐ　―スタッフの労をねぎらい、気遣いをする―

新規採用者の離職を防ぐために、スタッフへのコミュニケーションを意識し、早朝から深夜まで訪問介護のサービスをしているスタッフに対して労をねぎらうことをしました。

スーパーバイザーからも、来所の際には言葉をかけてもらうよう依頼しました。こまめな報告・連絡・相談の重要性を伝え、その返事には親身に行い、いつでも話せる環境になるようにしました。また、些細なことでもほめるようにして、年末には業績に合わせた内容で感謝状を渡すなど、気持ちよく働けるよう配慮しました。

■地域の現状を知る　―必要とされているサービスを知る―

営業範囲が広いことから、十分なあいさつ回りができていなかった地域をスーパーバイザーと一緒に回るようにしました。さらに、利用者宅を同行訪問し、会社全体で一丸となって利用者を支援していることを印象づけるようにしました。地域を回ってその声を聞くことで、どんなサービスが求められているのか、地域の現状を知ることができました。

■スタッフの育成・教育　―挑戦することにより現場力向上―

介護スタッフに自らの力を把握してもらい、強みや弱みを分析し、本人が弱いと考えている分野の研修を実施することにより、スタッフの育成を図りました。また目標を一緒に設定し、一緒に頑張るという姿勢を見せて、共に達成感を得られるようにしました。

一緒に頑張ることにより、そして自分の頑張りがわかるようになって、スタッフのモチベーションは上がりました。採用時は非常勤であった職員が、「社会保険加入まで勤務時間を延ばしたい」「常勤職員になりたい」という意向を示すようになりました。

経験を積み、自信が持てるようになると、仕事が楽しくなり、やりがいを感じるようになります。利用者の在宅での生活を支えるために必要なスキルを身につけることにより、さらにやりがいが増してくるようです。

意欲が向上したスタッフの介護は、気づきが多くなり、介護の見直しや訪問回数の増加につながることが多くなります。新規採用職員についても、事業所全体で育成する方針をとってから成長が以前と比べて早くなり、技術を飛躍的に向上させている様子がうかがわれます。

管理者としての取り組みは、当たり前のことですが、ＰＤＣＡを回して実践していることが良い効果を生んだ事例です。

論語に、**知者は惑《まど》わず、仁者は憂《うれ》えず、勇者は懼《おそ》れず**という言葉があります。その意味は、「知者はあれこれ迷うことがない。仁者はくよくよ心配しない。勇者は決して恐れない」ということです。

「知者」は、頭が良く理解力の高い人です。困難な場面に出会っても、幅広い知識や経験から物事の本質を見極め、正しい選択ができる人です。そういう人ならば、自らの選択において道を迷うことはないでしょう。

「仁者」は、自分よりも他人を思いやる気持ちがあり、私利私欲に流されず、心がひろく心を煩《わずら》わせる心配がありません。

「勇者」は、どんな困難なことがあっても、本質を見極め、課題に果敢に挑戦する心を持っているので、恐れるものがありません。

管理者として、介護事業の安定化には、すでに実証済みの施策を実践することです。奇をてらう必要はありません。これまでの実践から、有効と思われることを着実に実施することです。最初は、なかなか成果を出せないかもしれません。しかし、正しい考え方のもと、私利私欲に流されずに正しい行いをしていれば、いつか必ず好転します。大切なことは、課題の本質を見極め、果敢に挑戦する心を持つことです。

人生において困難な状況に出会ったら、自分を信じて、**知者は惑《まど》わず、仁者は憂《うれ》えず、勇者は懼《おそ》れず**の心をもって事にあたることです。きっと、良い成果を得ることができるでしょう。

4 地域との交流を深める

① 認知症カフェから始まる地域交流

D事業所は、地域密着型の通所介護とグループホームを併設する事業所です。これまで、地域交流会や夏祭りを通して地域との交流を図ってきましたが、地域包括ケアシステムの推進にあたり、地域住民が認知症を学び、気軽に立ち寄れる居場所をつくりたいと考え、認知症カフェを立ち上げました。

このカフェは、認知症の人や家族が医師や薬剤師などの専門職に気軽に相談できるだけでなく、地域住民が気軽に立ち寄れる場とすることで、認知症の人や家族、専門職、地域住民などさまざまな立場の人が、幅広い交流を行う拠点となることに成功しました。

D事業所が立ち上げた認知症カフェのコンセプトは三つあります。

一つ目は、「友だちとつながる」ということ。認知症カフェは、本音で話せる友だちをつくることができる場として、また人とのふれあいの場としての機能を持っています。二つ目は、「共につながる」ということ。心理的な不安の軽減や専門家と一緒にいることができ、相談できることによる安心感を醸成します。三つ目は、「知とつながる」ということ。専門家の知恵とつながることにより、さまざまな問題を解決できるようになります。

D事業所の取り組みでは、認知症カフェを開設して、参加者に対するアンケートを実施したところ興味深い結果が出ています。認知症でない参加者は、認知症の人と直接話をしたことにより、認知症の人に対するイメージが「普通に会話ができない」から「普通に会話ができる」に変化しました。認知症の人や家族は、地域や社会との関わりができ、専門職とつながることにより、安心感が増したという結果が出ました。

認知症カフェに参加した後の自身の変化については、「妻と話すようになった」「若い人の話を聞いて視野が広がった」「家族と認知症について会話をする機会が増えた」「カフェで聞いたことを人に話すようになった」という結果になっています。

こうした取り組みにより、事業所と地域がつながることが実証されました。地域住民のなかには、認知症に関心のある人が多くいることがわかり、認知症カフェは、認知症を学ぶ機会になっています。認知症カフェは、地域の住民にとっては学びの場であり、認知症の人と家族にとっては、安らぎの場になっています。

では、D事業所の取り組みから学ぶべきことは何でしょうか。

まず職員にとって、認知症カフェの開設・運営は、職員の「見ること」「聞くこと」「体験すること」のすべてがその学び、成長につながります。地域に開かれた事業所では、その取り組みを通じて職員の育成が図られ、事業所には優れた人材が集まるようになるのではないでしょうか。

また、地域に視点を移すと、D事業所が運営する認知所カフェには、さまざまな立場の人が集まり、楽しい時間を過ごしながら多くの学びを得ています。これは、地域づくりにつながります。地域づくりには、住民が参加できる拠点が必要であり、こうした拠点づくりを進める事業所には、地域の住民と医療・介護の専門家が集まり、自然と連携が生まれます。こうした地域づくりを通じて、たとえ認知症になったとしても、住み慣れた地域で、自分らしい暮らしを人生の最期まで続けることが可能となります。事業所の取り組む拠点づくりが、ひいては地域包括ケアシステムを推進する原動力になるのです。

松下幸之助の言葉に、**万事研修の事**があります。これは、松下政経塾の五誓の一つで、「見るもの聞くことすべてに学び、一切の体験を研修と受けとめて勤しむところに真の向上がある。心して見れば、万物ことごとく我が師となる」ということです。かみ砕いていえば、自らを成長させる心構えができていれば、職場で「見ること」や「聞くこと」から学ぶことができるということです。

認知症カフェについても、「日々の仕事が忙しいのにやってられない」という意識で運営していたら、そこから多くの学びを得ることはできないでしょう。日常起きている一切のことを研修と受けとめて、自らを磨き上げることに喜びを感じるようになれば、すべてのことから学ぶことができるようになります。

認知症だからといって、何もわからないわけではありません。認知症の人と家族に対して、思いやりの心を持って接することが大切です。

事例の取り組みは、事業所が提案して進めた事例ですが、市町村の施策としてこうしたカフェを増やし、地域住民と共に支え合いの仕組みを構築していくことも重要ではないかと思います。

地域包括ケアシステムを推進するには、行政と民間事業者の連携が必須になります。公民連携がなければ、そして住民の参加がなければ、地域包括ケアシステムを推進することはできません。地域包括ケアシステムを推進するということは、まさに地域づくりそのものだからです。

② 住みやすい地域社会の実現

E施設では、入居者や職員、地域の医療・福祉事業所と地域の市民がつながり、認知症の人と家族を支える一環として、認知症サポーター養成講座の開催、地域見守り隊の訓練を実施しました。

こうした活動を通して、施設入居者及び家族、自治会、社会福祉協議会、地域住民等の互いの支え合いを強化し、積極的に地域との交流を進めることができました。

■認知症サポーター養成講座の実施
認知症サポーター養成講座は、全国の自治体で実施されており、令和元年一二月三一日までに、一二三四万人のサポーターが養成されています。サポーター養成講座は、認知症の理解と認知症の人への対応をするうえで、重要な研修ですが、それを生かす場面は多くありません。

E施設では、行政や地域包括支援センターと連携・協力して、地域の見守り訓練を実施し、サポーターが街に出て行って、実際に活動する場をつくっており、興味深い取り組みです。

■地域見守り隊の訓練
地域見守り隊の訓練は、認知症役の人を決めて、街を徘徊《はいかい》してもらい、認知症の人を見守るという訓練です。訓練には、入居者及び家族、職員、地域の住民に参加してもらい、地域のコンビニや店舗に声をかけて地域ぐるみで実施したということです。

認知症役の人、認知症の人を探す人、それぞれをグループ分けし、認知症役の人と探す人が一斉に街に出て活動をします。一時間に及ぶ捜索活動を経て、各グループにおいてグループワークを行い、参加者が気づいたことを持ち寄って発表会を行います。

こうした地域ぐるみの訓練は、実際に認知症の人が街を徘徊《はいかい》しているときの対応など、多くの住民の気づきにつながりますので、実践的な研修といえるでしょう。

備えあれば憂《うれ》いなしという言葉があります。常に準備をしておくことが大切であるということですが、支え合いの地域づくりを進めるうえで、こうした取り組みは有効であると思います。

E施設においては、こうした取り組みが地域住民から評価されて、新たな入居者が決まったそうです。地域からの信頼を得ることが入居者の獲得にもつながり、経営の安定に貢献することがわかりました。

論語に、**学びて時に之《これ》を習う。亦説《またよろこ》ばしからずや**とあります。「師から学んで、その学んだことを自分でくり返し復習し、身につけていくことは、とてもうれしいものである」という意味です。

認知症のことを学び、学んだことを実践し、社会の役に立てることができれば、こんなうれしいことはありません。こうした活動を事業所の取り組みにとどめず、市町村が積極的に施策として展開することを期待します。

コラム❹ 過ぎたるは猶《なお》及ばざるが如《ごと》し

私たちが、日常でよく使う言葉です。何事もほどほどが肝心で、やり過ぎることは良いとはいえないという意味です。例えば、運動は体に良いからといって、運動をし過ぎると体を壊すことがあります。運動に限らず、牛乳が体に良いからといって、牛乳を飲み過ぎるとお腹をこわすことにもなります。何でもそうですが、良いことでもやり過ぎると逆効果になることがありますので、やり過ぎは良くないということです。

孔子は、人の言行には中庸が大切であると説いています。言行とは「言葉」と「行い」ということです。つまり、「言葉」と「行い」は、過ぎてはいけないということです。注意するときも、言い過ぎては逆に反感を持たれることもありますから、言い過ぎず、しかし、言うべきことをしっかりと言うことが大切です。

つい調子に乗って言い過ぎたり、やり過ぎたりすることがないように、「過ぎたるは猶《なお》及ばざるが如《ごと》し」を意識しておくとよいでしょう。人の考え方そのものについても、極端過ぎる考えは良くないので、そういうことを戒める場合にも使うことができます。

第2部

論語を学ぶ

論語とは

論語は、孔子と弟子たちの会話をまとめた言行録です。膨大な記録から、弟子たちが孔子の教えを後世に正しく伝えるために厳選したものと考えられています。長い時間をかけて編纂され、現在の形になりました。全二〇編、五一二の短文から構成されています。各編の名称は、単にその編の冒頭二、三文字をとってつけられたにすぎず、具体的には次のとおりです。

1　学而（がくじ）　→学ぶことに関する言葉を収める（16）
2　為政（いせい）　→政治や指導者に関する言葉を収める（24）
3　八佾（はちいつ）　→礼儀や音楽に関する言葉を収める（26）
4　里仁（りじん）　→仁や愛に関する言葉を収める（26）
5　公冶長（こうやちょう）　→人物評と道徳に関する言葉を収める（28）
6　雍也（ようや）　→知恵に関する言葉を収める（30）
7　述而（じゅつじ）　→孔子自らの行動に関する言葉を収める（37）
8　泰伯（たいはく）　→伝説の聖王や聖人に関する言葉を収める（21）
9　子罕（しかん）　→孔子の人生観に関する言葉を収める（32）
10　郷党（きょうとう）　→孔子の生活に関する言葉を収める（23）

11　先進（せんしん）　↓弟子の人物評に関する言葉を収める（26）
12　顔淵（がんえん）　↓仁と政治に関する言葉を収める（24）
13　子路（しろ）　↓徳と政治に関する言葉を収める（30）
14　憲問（けんもん）　↓人間としての生き方に関する言葉を収める（46）
15　衛霊公（えいれいこう）　↓仁と政治に関する言葉を収める（42）
16　季氏（きし）　↓道徳に関する言葉を収める（14）
17　陽貨（ようか）　↓良い生き方に関する言葉を収める（26）
18　微子（びし）　↓殷末期から周初期の人物の言葉を収める（11）
19　子張（しちょう）　↓高弟である子張の言葉を収める（25）
20　堯曰（ぎょうえつ）　↓上に立つ者の心得を収める（5）

論語は、倫理や道徳を学ぶ教科書ともいえるものです。学び方、人とのつき合い方、仕事の仕方、リーダーとしての心構え、政治の在り方など、現代を生きる私たちにとっても、役立つ言葉が沢山あります。仕事で悩んだとき、日常生活で悩んだとき、論語を読むことによって解決の道が開けることもあります。まさに、知恵の塊、人生の指南書ともいえるものです。第二部では、五一二のうち、介護事業所の管理者やリーダーを想定して、二七を選び出し、三つのテーマに分類して解説しました。論語は、知識として身につけるだけではなく、生活のなかで実践することに意味があります。一回読んで終わりにせず、何回も読んで仕事や日常生活に役立てていただくことを願っています。

第1章 自らを成長させる

1 自らの行いを反省しているか

■読み下し文

吾《われ》、日に吾《わ》が身を三省す。人の為に謀《はか》りて忠ならざるか、朋友《ほうゆう》と交わりて信ならざるか、習わざるを傳《つた》うるか。

（学而第一・四）

吾日三省吾身
爲人謀而不忠乎
與朋友交言而不信乎
傳不習乎

■現代語訳

自分は毎日、自分が行ったことについて何回となく反省する。それは、第一に、人の相談相手となる際に真心を尽くしたか、第二に、友達と接していて信義に欠けるようなことをしなかったか、第三に、学んでいる途中で、まだ十分に身につけていないのに、人に教えていないかということである。

■解説

この言葉は、自らを省みることがいかに大切であるかを説いています。自らを省みることが「学び」につながるからです。一日の行動を振り返って、自分は利用者のために最善を尽くしたか、同じ職場で働く仲間や友人を裏切るようなふるまいをしていないか、知ったかぶりをして同僚や知人に話をしていないか。毎日、こうしたことを反省しているかが大切であると説いています。

私たちは、人のことよりも自分のことを優先しがちです。自分が大切であり、自分本位で物事を考え行動することがあるのではないでしょうか。利己主義と利他主義という言葉がありますが、人間は、ややもすると利己主義に陥りやすいのです。

しかし、人間関係を良好に保ち、良い仕事をするには、人間性を磨くことが必要になります。自分のことより、まず他人のことを考えることが重要になるのです。人のために尽くすことが、自分の人間性を磨くことになります。「修養」とか「修身」という言葉を聞いたことがあると思います。品性を磨き、自己の人格形成に努めるには、自らの道徳心を高め、みんなのためになるかどうかを価値判断の基準とすることが求められます。

職場においては、利用者のために最善を尽くすことが大切です。職員間の人間関係を良好に保つために、厚い信頼関係を構築することが求められます。そして、知ったかぶりをせずに、知らないことは知らないといい、知っていることでも、自らが実践していないことを偉そうに話すことは避けなければなりません。
この言葉は、第一国立銀行や東京株式取引所（現在の東京証券取引所）などといった多種多様な企業の設立・経営に関わり、「日本資本主義の父」ともいわれた渋沢栄一氏の座右の銘としても有名です。
管理者やリーダーであるならば、自らの人間性を磨くために、ぜひ覚えて実践したい言葉です。

2 互いに学び合う友がいるか

■読み下し文

学びて時に之《これ》を習《なら》う。亦説《またよろこ》ばしからずや。朋《とも》有り、遠方より来たる。亦《また》楽しからずや。

（学而第一・一）

學而時習之
不亦說乎
有朋自遠方來
不亦樂乎

■現代語訳

師から学んで、その学んだことを自分で繰り返し復習し、身につけていくことは、とてもうれしいものだ。

同じ志を持つ友がいて、時々遠くからやってきて、互いに刺激し合えることほど楽しいことはない。

■解説

昨日までできなかったことが、今日できるようになることは、とてもうれしいものです。介護の現場には、いろいろな学びがあります。学ぶ気持ちさえあれば、利用者から、同僚からさまざまなことを学ぶことができます。また、学んだことを実践する機会があり、その実践を通して自らを磨くことができます。

例えば、移動介助や排せつ介助、食事介助や入浴介助など、介護の現場では、さまざまな介護の場面があります。上手に移動介助ができて、利用者から「ありがとう」という言葉をもらうと、自らの知識や技術が向上していることがわかります。こうした感謝の言葉は、心のビタミン剤となって、さらに頑張ろうという気持ちになります。介護は、単なる行為を指すのではなく、利用者の「心」に寄り添って、自立支援に向けたサービスを提供することです。利用者の生活歴やライフスタイルなどを把握して、一人の人間として「自分らしく生きる」ことを支える仕事なのです。

介護専門職には、高い職業倫理観とともに、「人間が大好き」という資質が伴っている必要があります。こうした能力を身につけていくためには、介護現場での日ごろの学びが大切です。学んだことを繰り返し実践していくことによって、高い倫理感を身につけることができます。「私は人間が大好きだ」と何度も復唱することによって、人間が好きになっていきます。人間が好きになると、仕事をすることが楽しくなります。仕事を楽しむ秘訣《ひけつ》は、人間を好きになって、毎日自らを磨くことです。中途半端に磨くのではなく、一生懸命に磨くことです。仕事を通して自らの能力を高め、良いサービスを提供できるようになると、仕事が楽しくなります。

このように、毎日の仕事のなかで自らの成長を確認できることは、とてもうれしいものです。また、共に介護について学び実践している友人が訪問してくれたら、もっと楽しいではありませんか。互いに介護道を極めようとしている友人と介護の本質を語り合える機会があると、互いに切磋琢磨《せっさたくま》できるので、毎日の仕事も苦にならなくなります。

3 切《せっ》磋《さ》琢《たく》磨《ま》しているか

■読み下し文

子貢《しこう》曰《いわ》く、貧しくして諂《へつら》うこと無く、富みて驕《おご》ること無きは、如何《いかん》。子《し》曰《いわ》く、可《か》なり。未だ貧しくして道を楽しみ、富みて礼を好む者には若《し》かざるなり。子貢《しこう》曰《いわ》く、詩に云《い》う、「切《せっ》するが如《ごと》く、磋《さ》するが如《ごと》く、琢《たく》するが如《ごと》く、磨《ま》するが如《ごと》し」とは、其《そ》れ斯《こ》れを謂《い》うか。

（学而第一・十五）

子貢曰
貧而無諂
富而無驕
何如
子曰
可也
未若貧而樂道
富而好禮者也
子貢曰
詩云
如切如磋
如琢如磨
其斯之謂與

■現代語訳

弟子の子貢が孔子に問いかけました。

「たとえ貧乏をしていても人に諂《へつら》うことなどなく、お金持ちになったからといっておごり高ぶることがない生き方をするというのはいかがでしょうか」。

これに対して孔子が次のように答えました。

「それでいいと思う。けれども、まだ貧乏だとかお金持ちだとかにこだわっているところが気になる。もっといいのは、貧乏であっても学問を楽しみ、金持ちであっても礼儀を好む人だろう」。

これを聞いて子貢が、「詩経にある、〝切磋琢磨《せっさたくま》〟するとは、こういうことをいうのですね」と答えました。

■解説

「切磋琢磨《せっさたくま》」を知っている人は多いでしょう。「切磋琢磨《せっさたくま》」という言葉は、中国最古の詩集である「詩経」に出てきます。「切」は骨や角などを切り出すこと、「磋」はそれを研くこと、「琢」は石などを打ち砕くことをいい、「磨」は磨くことです。ここでは、自分の能力や資質を高めるために苦労をものともせずに、自らを修養する自己啓発の意味で用いられています。

ダイヤモンドの原石も磨き上げないと輝きません。人間も原石ですから、磨き上げないと輝かないのです。どうしたら自らを輝かせることができるのか、そのヒントがこの言葉に隠されています。

孔子とその弟子の問答から、それをひも解いていきましょう。「貧乏であっても卑屈にならず、金持ちでもおごることのない生き方をする人は、素晴らしいと思いますがいかがでしょうか」と弟子が問いかけます。そこで孔子は、「確かにそうであるが、貧乏であっても学問を楽しみ、金持ちであっても礼儀を好むものには及ばない」と答えます。人は、貧乏であると卑屈になりがちであり、金持ちになるとわがままな振る舞いをしがちになります。だから、貧乏であっても卑屈にならない生き方は素晴らしいですし、金持ちになってもわがままな振る舞いをしない生き方も良いと思います。しかし、孔子は、その上があると言っています。貧乏であっても、道を楽しむ者には及ばないし、金持ちでも、礼儀を好む者には及ばないということです。つまり、貧乏だとか金持ちだとかにこだわらず、自分の正しいと思う生き方を貫ける人が、より素晴らしい人だと説いているのです。

この問答は、人の修養には段階があることを示唆しています。そこで、弟子が、詩経のなかの「切磋琢磨《せっさたくま》」を引き合いに出し、常に向上心を持って自己研鑽《じこけんさん》に励むことの大切さを会得するのです。孔子もまた、優れた弟子が適切な詩句を用いて道を悟ったことを喜ぶという話です。

介護の現場は、かつてネガティブ３Ｋといわれていました。つまり、「きつい」「きたない」「給料が安い」というものです。こうした環境下では、職員が誇りと意欲を持って働くことは難しいでしょう。介護人材の確保や育成が困難となるなか、介護報酬の改定を含め、さらなる処遇改善の取り組みが必要になっています。若い職員が夢と希望の持てる職場環境をつくるためには、とりわけ事業所の取り組みが重要になります。本来、給料が高い、安いなどによって、仕事の価値を判断することはできませんが、暗黙のうちにお金が幅を利かして、人生の「勝ち組」と「負け組」というレッテルを貼るようになってしまいました。こうした考えは、職業に対する偏見であるだけでなく、そこに働く人たちの職業観を貶《おとし》める結果となりますので、気をつけなければなりません。代わりに、ポジティブ3Kとして「感動」「共感」「感謝」を現場に普及してください。介護現場には、お金では買えない「感動」と「共感」があり、心を満たしてくれる「感謝」があります。介護の本質を理解し、介護の仕事を楽しむ職員のひたむきな努力によって、利用者の生活が保たれています。こうした介護道を楽しむ職員が介護事業所にとって宝なのであり、ひいては地域にとって、日本にとっての宝なのです。

介護現場で人間力を磨くことが切磋琢磨《せっさたくま》です。自分自身を磨くには、おごることなく、常に素直になって学ぶことが大切です。

4 自己中心的になっていないか

■読み下し文

人の己《おのれ》を知らざるを患《うれ》えず、人を知らざるを患《うれ》うるなり。

（学而第一・十六）

不患人之不己知
患己不知人也

■現代語訳

人が自分のことを評価してくれないことを嘆《なげ》いてもしかたない。それよりも、自分が周りの人の優れたところに気がつかないことを嘆くのが先だろう。

■解説

仕事をしていると、「どうして自分を理解してくれないのか」「もっと自分を評価してほしい」「自分のことを認めてもらいたい」という気持ちが働くものです。相手よりも自分のほうが大事なので、相手に対して自分を理解してもらいたいと思うのです。

しかし、まず相手のことを理解するように努力することが重要です。相手を理解しないで、自分を理解してほしいといっても、それは自己中心的な考え方です。自己中心的な人は、自分の話ばかりして、さらに自慢話が多い傾向にあります。大事なことは、他人の優れたところに気づき、しっかりと評価できる人間になることです。他人の長所を見つけることのできる人は、相手からも理解されます。こうした関係を「理解してから理解される」という言葉で表すことができます。まず初めに他人の良いところを見つけるようにしましょう。そうすると、自然と周りの人から評価されるようになります。

介護の現場では、チームによる介護が、その質を左右することになりますので、多職種協働のチームプレーが求められています。介護職員と看護職員との協働を進める際にも、互いが、「利他の心」をもって相手の良い点を認め合い、信頼関係を醸成することが大切です。

自己中心的な考え方になってしまうと、相手の長所を観ることができなくなり、人間関係が良好でなくなってしまいます。そうすると、より良い介護を実践することができません。リーダーたる者は、自分が自己中心的な振る舞いをしていないか、周りの人の長所を観るようにしているか、常に反省することが重要です。そして、人の価値や実力を適正に評価できる人間とならなければなりません。

5 生涯にわたって学んでいるか

■読み下し文

吾《われ》十《じゅう》有《ゆう》五《ご》にして学《がく》に志《こころざ》す。三十にして立つ。四十にして惑《まど》わず。五十にして天命を知る。六十にして耳順《みみしたが》う。七十にして心の欲《ほっ》する所に従いて矩《のり》を踰《こ》えず。

（為政第二・四）

吾十有五而志于學
三十而立
四十而不惑
五十而知天命
六十而耳順
七十而從心所欲
不踰矩

■現代語訳

私は十五歳で志を立て、三十歳で一人立ちする自信を持てた。四十歳で生き方に迷うことがなくなり、五十歳で自分の進む道が天命であることがわかった。六十歳になると何を聞いても素直に受け取れるようになり、七十歳で何をやっても人の道を踏み外すことがなくなった。

■解説

この言葉は、孔子が晩年になって、自分の思想や人間形成の過程を回顧したものだといわれています。論語のなかでも、後世の人々に大きな影響を与えた言葉です。

介護の現場で人間力を磨くには、人間学を学ぶことが必要になります。人間学は、人間の生き方を学ぶことですから、故人の言動から多くを学ぶことができます。二五〇〇年前に春秋戦国時代を生きた孔子の人生から私たちが学ぶことは何でしょうか。

それは、いくつになっても学び続けることの大切さではないでしょうか。青少年時代に学べば、壮年になって為すことがあり、壮年時代に学べば、老いても気力が衰えない、老年時代に学べば死んでもその人望は朽ちないという意味でとらえることもできます。

孔子のように、順調に精神的な進歩をとげることは難しいことですが、人間の精神的成長の目安として努めていきたいものです。

介護現場では、福祉の学校を出てからずっと介護や福祉を仕事にしてきた人もいれば、転職して介護や福祉の仕事をしている人もいます。五十歳を過ぎて転職し、新たに福祉の仕事についても、決して遅いことはありません。六十五歳の定年を迎えて、社会貢献の一環として介護施設で働く人もいるでしょう。子育てが一段落して、福祉の世界に飛び込んだ人もいると思います。自分の人生を自分で切り開く覚悟をもってすれば、年齢は関係ないのです。福祉や介護は、人を幸せにするのが仕事です。人生いろいろです。やり直しのきかない一度限りの人生ですから、年齢にふさわしい学問に取り組み、やりたい仕事をすればよいと思います。

介護現場のリーダーは、人間学を学ぶことが必要です。人間はなぜ生きるのか、人の役に立つために何ができるのか、自らに問いかけることにより、人間力を磨くことができるのです。

6 先人の知恵から学んでいるか

■読み下し文

故《ふる》きを温《たず》ねて新しきを知れば、以《もっ》て師《し》と為《な》す可《べ》し。

（為政第二・十一）

温故而知新
可以爲師矣

■現代語訳

昔のことをよく調べて学ぶことで、現在や未来に役立つことがよくわかるようになる。これができて初めて人の師となれる。

■解説

昔のこと、古いものから学んで新しい見識を広げるということは、なかなか難しいものです。私たちは、古いものに価値を見出すことがなかなかできないのです。古くなったものは捨て、新しいものを購入することに慣れているからです。形あるものはいつか壊れます。テレビやパソコンなどは、ライフサイクルが短く、すぐに時代遅れになります。自動車も一〇万キロ走ったり、一〇年も経過したりすると、部品交換が必要となり買い替えることになるでしょう。あらゆるものに、ライフサイクルがあって、買い替えることになります。

しかし、人の人生はどうでしょうか。人には心があり、物と違って買い替えることができません。一人ひとりが、かけがえのない人生を送っているのです。そして、論語に代表されるように、人間の心は、二五〇〇年経過しても変わらないのです。ですから、論語が私たちの人生の羅針盤となるのです。

故《ふる》きを温《たず》ねて新しきを知るということは、先人の知恵に学ぶことを意味しています。高齢者から学ぶこともあるでしょう。書物から学ぶこともあるでしょう。昔のことをよく調べてみると、現在や未来に役立つこともたくさんあると思います。

高齢者は、さまざまな時代の代弁者です。戦争体験をいっぱい聴いてください。戦後、苦労した話をいっぱい聴いてください。昔の習わしや遊びをいっぱい聴いてください。生きた日本の歴史を学んでください。話ができなくなった高齢者からも、いろいろなことを学んでください。認知症高齢者からもいろいろなことを学んでください。

古き良き時代を懐古するのではありません。未来を拓くために学んでください。日々、そういうことを学んでいると、いつの間にか、自分が後輩を指導する立場になるでしょう。後輩からも尊敬されることになるでしょう。故《ふる》きを温《たず》ねて新しきを知ることにより、自らが師となることもできると思います。

そんな風に考えましょう。そうすると、介護事業所は学びの宝庫になります。なにごとも考え方次第です。

7 良き人間になろうとしているか

■読み下し文

我《われ》、仁《じん》を欲《ほっ》すれば、斯《ここ》に仁至《じんいた》る。

（述而第七・二十九）

我欲仁
斯仁至矣

■現代語訳

自分が仁のある人間であろうと欲すれば、すぐに仁者になれるものである。

■解説

「仁」は、人間の最高の徳と考えられています。人間と動物との違いは、心のなかに「仁」があるかどうかによります。人間は、相手を思いやる気持ちを持っていますが、動物にはありません。人間も動物ですから、弱肉強食の世界で仕事をしていると、相手を思いやる気持ちを失ってしまうこともあるでしょう。仁は、遠いところにあると漠然と思っているかもしれません。

しかし、自らが仁を欲することによって、仁の心を持つことができるというのです。仁は遠いところにあるのではなく、自分の心のなかにあるのだから、仁のある人間になりたいと思うことによって仁者になるということです。

私たちは、仁を身につけたいと思って、いろいろな本を読みますが、本を読んで、知識として知っていても、仁のある人間になることはできません。仁のある人間になるには、自らが仁のある人間になりたいと強く願い、日々の生活のなかで実践することが大切です。

論語に「己《おのれ》の欲《ほっ》せざる所《ところ》、人に施《ほどこ》すこと勿《なか》れ」という言葉があります。「自分がしてほしくないことは、他人にしてはならない」という意味ですが、私たちは、こうした言葉を自然と身につけています。親から、祖父母から、恩師から教えられて、身に沁《し》みついているのです。これが、仁の心です。私たちは、こうした教育によって人間としての正しい生き方を学んできたのです。

職場には、いろいろな人がいて、多様な価値観があります。激しい感情をぶつける人もいるでしょう。厳しい口調で叱責されることもあるでしょう。そのなかで、仁のある人間として振る舞うことが、自らを仁のある人間として成長させてくれるのです。仁のある人間となるために、日々何をしなければならないのか、一人ひとり考えてみましょう。

Column

コラム❺ 己《おのれ》の欲《ほっ》せざる所《ところ》、人に施《ほどこ》すこと勿《なか》れ

弟子の子貢が、人として一生涯貫き通すべき一言があれば教えて下さいと孔子に尋ねたところ、孔子は、「其《そ》れ恕《じょ》か。己《おのれ》の欲《ほっ》せざる所《ところ》、人に施《ほどこ》すこと勿《なか》れ」と答えます。その意味は、「それは、相手を思いやる心ではないかな。自分がしてほしくないことは、相手もしてほしくないのだから、それをしないほうがよい」ということです。この言葉は、孔子と弟子の子貢とのやり取りに由来しています。

似たような言葉として、「新約聖書」マタイによる福音書七章十二節には、「己の欲する所を人に施せ」という言葉があります。「自分が他人からしてもらいたいと思うことを、他人にしてやりなさい」という意味です。

「自分がしてほしくないことを他人にしてはいけない」ということと、「自分がしてほしいことを他人にしてやりなさい」ということ、どちらが良いのでしょうか。どちらも相手を思いやることが大切であるという考え方は共通しています。後者の場合は、より積極的に行動することを促しているように思います。この場合、相手のことを十分に理解しないと、余計なおせっかいになる可能性もあります。

皆さんは、どちらの言葉が自分にフィットしますか。大切なことは、相手の身になって思い、自らの行動を律することではないでしょうか。

8 知・仁・勇を目指しているか

■読み下し文

知者《ちしゃ》は惑《まど》わず、仁者《じんしゃ》は憂《うれ》えず、勇者は懼《おそ》れず。

（子罕第九・三十）

知者不惑
仁者不憂
勇者不懼

■現代語訳

知者はあれこれ迷うことがない。仁者はくよくよ心配しない。勇者は決して恐れない。

■解説

知者は物事の道理を知っているので、自分の置かれている地位や行動について迷うことがありません。仁《じん》者《しゃ》は自然の摂理《せつり》をもって私欲に打ち勝つから、自分の置かれている地位や行動について、憂《うれ》いを持つことがありません。勇者は志気《しき》も盛んであり決断にも富むから、自分の置かれている地位や行動について、恐れることがありません。

「知者」は、頭が良く理解力の高い人です。困難な場面に出会っても、幅広い知識や経験から物事の本質を見極め、正しい選択ができる人です。そういう人ならば、自らの選択において道を迷うことはありません。

「仁者」は、自分よりも他人を思いやる気持ちがあり、私利私欲に流されることがありません。そういう人ならば、心がひろく天命に安んじるので、心を煩《わずら》わせ心配することがありません。

「勇者」は、どんなに困難なことがあっても、本質を見極め、課題に果敢《かかん》に挑戦する心を持った人です。周りの者や自分への影響を考えずに、イノシシのように真っ直ぐ突き進むだけの者は、「勇者」ではありません。「勇者」は、恐れる心を持ちながらも、その心を乗り越えて行動できる強い意志を持った者であり、そういう人ならば、何事も恐れるものはありません。

介護の現場では、いろいろな事件や事故が起きます。人の命に関わる重大な事故が起きることもあります。そんなときは、気持ちが動転して正しい判断をすることが困難になるかもしれません。そんなときこそ、心を平静に保ち、**知者《ちしゃ》は惑《まど》わず**、**仁者《じんしゃ》は憂《うれ》えず**、**勇者は懼《おそ》れず**という言葉を思い出してください。きっと勇気を持って正しい行いをすることができるようになるでしょう。

9 学ぶことの大切さを知っているか

■読み下し文

吾《われ》嘗《かつ》て終日《しゅうじつ》食《くら》わず、終夜寝《い》ねず、以《もっ》て思う。益《えき》無《な》し。学ぶに如《し》かず。

（衛霊公第十五・三十一）

吾嘗終日不食
終夜不寝
以思
無益
不如學也

■現代語訳

私は、かつて一日中食事もとらず、一晩中寝ずに思索に励んだことがあるが、大して得ることがなかった。やはり、先達の人に学んで手本とすることには及ばないようだ。

■解説

介護現場では、先輩の介護リーダーから介護の知識や技術を学びます。仕事を通して学ぶということからOn-the-Job Training（ＯＪＴ）が主流となっています。ＯＪＴとは、職場の上司や先輩が、部下や後輩に対し、具体的な仕事を与えて、その仕事を通して、仕事に必要な知識・技術・技能・態度などを意図的・計画的・継続的に指導し、修得させることによって全体的な業務処理能力や力量を育成する研修手法です。

わからないことは、本を読んだり、先輩から教えてもらうことが一番の早道です。自分で考えても、自分が持っているもの以上の進歩はありません。介護専門職として「学ぶ」ことを習慣にする必要があります。人に言われたから学ぶのではなく、介護専門職として自ら学ぶのです。

学ぶ姿勢があると、介護現場で「見るもの」「聞くこと」すべてが教材になります。介護現場で体験することすべてが研修となるのです。逆に、自ら学ぶ姿勢ができていないと苦痛になります。介護の仕事を「きつい」「汚い」「給料が安い」と感じるのか、「感動」「共感」「感謝」があって楽しいと感じるのか、その違いは、心の持ち方にあります。学ぶ姿勢が整っていると、介護現場は、人間学を学ぶことのできる素晴らしい人生道場となるでしょう。

第2章 人を導く

1 上に立つ者の心がけを知っているか

■読み下し文

過《あやま》ちては則《すなわ》ち改《あらた》むるに憚《はばか》ること勿《なか》れ。

（学而第一・八）

過則勿憚改

■現代語訳

自分に過ちがあることがわかったならば、ためらわないですぐに改めなければならない。

■解説

人の上に立つ者は、学び続けることが必要です。介護現場において、ベテランの介護職員が新米の介護職員を指導するときに、どうしても過去の方法に固執しがちになることはありませんか。「私はこうして介護を学んだのよ」とか、「介護はこうあるべきなの」など、自分の考えに固執して、最新の介護知識や技術を取り入れようとしないリーダーがいませんか。

地位が高くなればなるほど、簡単に自分の意見を変えられなくなるものです。意固地《いこじ》になってしまい、若い人の意見を聴けなくなるベテランの介護職員も少なからずいます。しかし、本当はそういうベテランの人ほど新人の話に謙虚《けんきょ》に耳を傾けなければいけません。それは、簡単に人の話をうのみにするのではなく、自分の頭で考えて判断するために必要なことです。**過《あやま》ちては則《すなわ》ち改《あらた》むるに憚《はばか》ること勿《なか》れ**という言葉は、リーダーにとって必要な言葉です。自分の威厳やプライドを保とうとして、自らの過ちを認められない人は、リーダーの資格がないからです。

実るほど頭《こうべ》を垂《た》れる稲穂かなという言葉があります。稲が成長すると実をつけ、その重みで実の部分が垂《た》れ下がってくることから、立派に成長した人間、つまり人格者ほど頭の低い謙虚《けんきょ》な姿勢であるということを意味しています。「頭《こうべ》を垂《た》れる」という言葉自体に「相手に敬意を払って自分を謙《へりくだ》る」という意味があるので、稲が立派に成長するにしたがって、稲穂の部分が垂《た》れ下がってくる様子を人間が成長していく様子に例えています。

このように、人間は成長するにしたがって自然と腰が低くなり、相手に対して威圧的《いあつてき》な態度をとりません。そして、自分が誤っていたと知れば、ためらわずに、すぐに改めることができるのです。

リーダーたる者は、いかなるときも冷静に対処することが求められます。感情的にならずに、冷静に物事を判断しないと、解決方策を誤ることになるからです。事故が起きた場合に、その原因を十分把握せずに対処すれば、もっと大きな事故を招くことにもなりかねません。問題の本質をしっかりと把握して、課題解決に向けた指示を出さないと、解決には至りません。

しかし、人間ですから過ちもあります。誤った指示を出してしまったら、あるいは、過ちをおかしてしまったら、「過《あやま》ちては則《すなわ》ち改《あらた》むるに憚《はばか》ること勿《なか》れ」の精神ですぐ改めることが大切です。そうしないと、さらに問題が大きくなってしまいます。

2 人から好かれようとしていないか

■読み下し文

巧言令色《こうげんれいしょく》、鮮《すく》なし仁《じん》。

（学而第一・三）

巧言令色
鮮矣仁

■現代語訳

人に媚《こ》びたことを言い、つくり笑いをするような人間に、私たちのめざす仁の人などいない。

■解説

孔子の理想とした「仁」という徳については、「論語」のなかで、さまざまな角度から説かれていますが、この言葉は、その「仁」の心を持ち合わせていない人を具体的に示しているものといえます。

「巧言」とは、口先だけが上手で、それに見合う中身を兼ね備えていないことを指します。また、「令色」とは、人に媚びへつらうような愛想のよい顔つきのことです。また、「鮮《すく》なし」は滅多にないことを指しており、「少なし」という意味です。そして、「仁」とは、他人を思いやる心を持って他人と関わる姿勢を指します。

相手の立場に立って考え行動しなければならないことはわかっていても、ついつい自分の利益になることを考えて行動してしまう人は、意外に多いと思います。特に、戦後教育を受けた人たちは、個人主義が良いのだという認識に立っています。利他主義が良いと考える人たちは、むしろ少数派になってしまいました。

しかし、本当は、自分の利益中心で行動する人は、疎まれることが多いのです。論語に「利に放《よ》りて行えば怨《うら》み多し」とあります。自分の利益ばかり考えて行動すれば、他人のうらみを買うから、注意しなければならないということです。他人を利用して自分の利益を得ようとする人たちは、いずれ誰からも相手にされなくなってしまうのです。結局のところ、人を幸せにする人が幸せになっていくのだと思います。自分に正直に、他人に優しく生きていくことが、自らの幸せにつながっていくのではないでしょうか。

「巧言令色《こうげんれいしょく》、鮮《すく》なし仁《じん》」と対比する言葉に「剛毅木訥仁《ごうきぼくとつじん》に近し」があります。これは、「意志が強く、飾りけがない無口な人は、仁に近い人である」という意味です。他人に迎合《げいごう》することなく、意志が強く正しいことを貫《つらぬ》ける人は、信頼できる人です。

職員が過ちをおかしたときに、嫌われまいとして、過ちを指摘できないリーダーも多いようですが、正しい行いをしたときにはしっかりと評価し、過ちをおかしたときには、それを指摘して正しい道を示さなければ、良き職員を育成することができません。

「信賞必罰《しんしょうひつばつ》」という言葉がありますが、功績をあげた者には相応の褒美《ほうび》を与え、誤った行為をした者には相応の罰《ばつ》を科《か》すことが大切です。こうして人は、正しいことや間違っていることを学んでいくのです。何が正しいか、何が誤っているのかの判断は、厳格な基準を持っていなければなりません。これが職業倫理と呼ばれるものです。介護専門職としての職業倫理を高め、良いことと悪いことのけじめをつけることが、より良いサービスを提供することの基本になります。法令遵守《ほうれいじゅんしゅ》のみならず、事業所内の規程、社会規範を守ることがコンプライアンスです。こうした企業倫理及び職業倫理の実践が、介護事業の基礎力を鍛え、より良いサービスを提供する源泉になるのです。

介護職員を育成するためには、コンプライアンスの経営の実践とともに、自らが徳を身につけて、徳による指導を実践することも重要です。その際に「巧言令色《こうげんれいしょく》、鮮《すく》なし仁《じん》」という言葉を思い出してください。こういう人になってはいけないということです。

介護の現場に限らず、より良い人生を営むうえで、良い友を持つことは重要なことです。言葉巧みにお世辞を言ったり、好かれようとして媚《こ》びたりする人を友人とすることには、注意したほうがよいでしょう。

リーダーたる者は、精神的・道徳的に優れた品性を身につけることが大切です。そのためには自らを高めるための修養を行い、他者を感化することができる行動力を備える必要があります。

3 徳をもって指導しているか

■読み下し文

之《これ》を導くに徳を以《もっ》てし、之《これ》を斉《ととの》うるに礼を以《もっ》てすれば、恥有りて且《か》つ格《ただ》し。

（為政第二・三）

道之以徳
齊之以禮
有恥且格

■現代語訳

道徳によって民を導き、礼儀によって民を統制すれば、民には悪を恥じる心が育ち、正しい道を踏み行うようになる。

■解説

これは、民を導く為政者に対する教えですが、あらゆる組織の指導者に当てはまります。介護現場で起きていることから考えてみましょう。

介護現場では、どんなに注意を払っていたとしても、事故やクレームをなくすことは難しいといえます。やむを得ず起きてしまった事故やクレームは、サービスの質を高めるための貴重な情報ですから、職員で共有し、その対策を講じることが重要になります。

例えば、職員はマニュアル通り介護していたのに、ふと目を離したすきに車いすから転落して利用者が骨折したとします。介護事故です。このときに、事故が起きた理由について、「なぜ」「どうして」をキーワードにして、問題の本質を探ります。そして、課題を明確にして改善を進めるのですが、私たちは、マニュアルを整備すれば、問題が解決したと錯覚《さっかく》してしまいます。そして、マニュアルに従って行動しない場合に罰《ばっ》則《そく》を科《か》すことにしています。このようなやり方は、間違ってはいません。しかし、職員の心の在り方まで踏み込んでいないので、マニュアル人間を作り出します。マニュアルに依存して、何のために介護をしているのか、マニュアルに書かれていない場面に出くわしたときに、思考が停止してしまって、見て見ぬふりを決め込むことになります。

大切なことは、マニュアルに従って行動することも含めて、何が正しいのか、何が間違っているのか、一人ひとりの心に踏み込んで指導することです。介護職員が自分の頭で考えて行動できるようにするには、マニュアルと職業倫理のバランスをとって、職員を育成していく必要があります。

リーダーたる者は、まず自らの徳、不徳に注意を払い、徳をもって指導していかなければなりません。そこで、徳のある人の特徴を具体的に見ていきましょう。徳を身につけるためには、日ごろの行いを見直す必要があります。皆さんが徳を身につけているかどうか、自身で確認してください。

① 人の幸せのために行動していますか?

徳のある人は、人の幸せを願い、行動できる自己犠牲の精神があります。また、人々の喜ぶ様子を見ることに喜びを見出して行動します。

②　自分の損得勘定《そんとくかんじょう》に惑《まど》わされていませんか？

徳のある人は、人の幸せを喜びとするので、損得勘定《そんとくかんじょう》に惑《まど》わされません。

③　誰に対しても平等に接していますか？

徳のある人は、立場や社会的地位によって差別することはなく、誰に対しても敬意をもって接します。

④　噂話《うわさばなし》や悪口を言っていませんか？

徳のある人は、人の噂話《うわさばなし》や愚痴《ぐち》、悪口を言うことはありません。相手がその場にいようといまいと、人を尊重する姿勢はぶれません。

⑤　いつも前向きに考えていますか？

徳のある人は、精神を健全に保っています。一時的な感情に流されて、物事を判断することはありません。いつも前向きに考えることができるので、何があっても、慌てたり不安に陥ったりしません。

いかがでしょうか。自らの言動と行動を振り返り、自己修養することが徳を身につける一番の早道です。

4 人の本質を観ているか

■読み下し文

其《そ》の以《もっ》てする所《ところ》を視《み》、其《そ》の由《よ》る所《ところ》を観《み》、其《そ》の安《やす》んずる所《ところ》を察《さっ》すれば、人焉《いずく》んぞ廋《かく》さんや、人焉《いずく》んぞ廋《かく》さんや。

（為政第二・十）

視其所以
觀其所由
察其所安
人焉廋哉
人焉廋哉

■現代語訳

その人の行いをよく視、その人の動機を観、結果をどう思っているのかを察することにより、必ずその人のことがわかるようになるものだ。

■解説

介護現場には、さまざまな価値観を持った多くの人たちが生活しており、介護現場は「人間の生きざま」そのものです。介護は「感情労働」といわれますが、どんな仕事でも、人間である以上、ある程度の感情がむき出しになることは避けられません。人間には、一人ひとり心があるので、より良い介護を実践するには、人間の本質を学ぶことが必要です。

この言葉は、人間の本質を学ぶための考え方が示されています。「みる」という文字も、いろいろな漢字を使用して違った意味を持たせているので興味深いものです。

視：「見る」と比べて、しっかりみること。凝視すること。
観：「視る」が肉眼でみているのに対し、観るとは「心眼」でみること。
察：「観る」よりもさらに深くみること。観察し、心の中心にあるものをみること。

介護現場には、さまざまな人間模様があります。一人ひとり生活歴が異なります。生活スタイルや考え方も異なります。認知症の人もいます。こうした人たちが何を考え、どのような行動をしているかを観察することから、介護が始まります。

利用者は、「なぜ、怒っているのか」「なぜ、こうした行動をしているのか」「なぜ、クレームを言ってくるのか」など、さまざまな場面で人間を観察し、その本質に迫らなければなりません。

物事の本質を把握するには、「なぜ」「どうして」を繰り返し問いかけることが大切です。自らに対して、最低五回繰り返し問いかけることにより、本質に迫ることができます。そして、人間の本質に迫るときには、**其《そ》の以《もっ》てする所《ところ》を視《み》、其《そ》の由《よ》る所《ところ》を観《み》、其《そ》の安《やす》んずる所《ところ》を察《さっ》すれば人焉《いずく》んぞ廋《かく》さんや**という言葉を思い出してください。

リーダーたる者は、人間の本質を把握することができないと務まりません。こうした観察眼を身につけることにより、利用者や職員との人間関係を客観的に観ることができるようになります。

5 学んだことを実践しているか

■読み下し文

學而不思則罔
思而不學則殆

学びて思わざれば則《すなわ》ち罔《くら》し。思いて学ばざれば則《すなわ》ち殆《あやう》し。

（為政第二・十五）

■現代語訳

学ぶだけで考えることをしないと、学んだ知識を身につけることができず、活用することができない。考えるだけで学ぶことをしないと、正しい人生観、価値観が形成されず、失敗を招くことになる。

■解説

学ぶことの本当の目的は、学んだ知識を身につけて、それを活用することにあります。学んだ知識を活用するには、それを自分のものにする必要があり、そのための過程が思考です。人や書物から学ぶばかりで、自分で考えようとしない人は、学んだ知識を身につけることができずに、それを活用できません。学んだことを完全に自分のものにしていないと、物事の本質を見抜くことができず、問題を解決することができないのです。解決しなければならない問題に遭遇《そうぐう》したときに、学んだ知識を身につけていれば、自ら答えを出すことができます。

論語読みの論語知らずという言葉がありますが、これは、論語を学び、論語の知識を増やしても、それを実際に人生に活かすことができなければ意味がないということです。

一方、考えるばかりで、真実を学ぶことをしない人、あるいは、自分と異なる意見を取り入れようとしない人は、思考の幅がとても狭くなり、自分の考えがすべて正しいと思い込み、独善的《どくぜんてき》になりがちです。こうした状況になると、人生において失敗を招くおそれが高くなります。

繰り返しますが、学ぶということは正しい知識を得ることです。そして、その知識を自らの仕事や実生活に活かすことが、学ぶことの本来の目的なのです。論語を学んで得た知識を活用するには、論語を自分のものにしなければなりません。自分のものにするための過程が思考です。

テレビやインターネットで得た情報は、その段階では、思考を経ていないので、自分のものにはなっていません。

本についても、良い本を読まないと、正しい知識を得ることができません。良い本の定義は難しいものですが、「普遍的な価値を持ち続けている本」が良い本といえるでしょう。良い本は、一〇年、五〇年、一〇〇年と読み継がれていきます。新渡戸稲造の「武士道」、渋沢栄一の「論語と算盤」などは、いまだに読み継がれています。こうした本は、良い本といえるでしょう。長い間、読み継がれているということは、そこに真実があるのです。そういう本は、時代とともに色あせることなく光り輝いています。そういう良い本を読みたいものです。

知識を仕事や実生活に活かすには、その正しい知識を自分のものにしなければなりません。本は、情報を得るために読む場合もありますが、本当の意義は、正しい考え方を学び、自分の仕事や人生に活かす知恵を身につけることです。

介護の現場には、いろいろな利用者がいて、いろいろな介護の仕方があります。何が正しいことで、何が間違っているのか、わからなくなる場面もあるかもしれません。自立支援のための介護といっても、利用者の価値観、ライフスタイル、要介護度等によって変わってきます。こうしたなかで、介護の本質を学ばなければ、独りよがりの独善的《どくぜんてき》な介護を行ってしまうおそれがあります。こうしたことを戒《いまし》めているのが、**思いて学ばざれば則《すなわ》ち殆《あやう》し**です。より良い仕事をするために、常に学ばなければなりません。

リーダーたる者は、率先垂範《そっせんすいはん》が大事です。職員に模範《もはん》を示すためにも、日ごろから研鑽《けんさん》を積み、介護の本質を学び、それを職員とともに実践していくことが大切です。学んだことを実践し、実践から学ぶことを繰り返しながら、自らと職員の成長を楽しむことができるようになれば一人前です。

6 知ることの意味を知っているか

■読み下し文

之《これ》を知るを之《これ》を知ると為《な》し、知らざるを知らざると為《な》せ。是《こ》れ知るなり。
（為政第二・十七）

知之爲知之
不知爲不知
是知也

■現代語訳

きちんと知っていることを「知っている」とし、知らないことは「知らない」としなさい。これが「知る」ということである。

■解説

本当の意味で「知っている」ということは、「知っていること」と「知らないこと」をしっかりと区別できることです。「知ったかぶり」という言葉がありますが、本当はよく知らないのに、知っているふりをして話す人がいます。こういう人は、「無知な自分を晒《さら》したくない」「周囲から優秀と思われたい」「プライドが高く負けたくない」「見栄を張りたい」などの心理が働いているといわれています。

知ったかぶりをしていると、真実を学ぶ機会を逃すことになり、後々恥をかくことにもなります。周囲から信頼をしてもらえなくなったりもします。中途半端に知っているということは、知らないことと同じと考えたほうがよいでしょう。

介護現場で経験を積んでくると、新人教育を担当するようになります。日ごろの仕事のなかでも、後輩からいろいろと質問を受けることもあると思います。そのときに、自分が「知っていること」と「知らないこと」を区別できるようにしておくことです。知らないことを「知ったかぶり」をして話してはいけません。

聞くは一時の恥　聞かぬは一生の恥という言葉があります。これは、「知らないことを恥ずかしがる必要はない。聞かなければ一生知らないまま過ごすことになるので、そのほうが恥ずかしいことである」という意味です。知らないことを恥ずかしがる必要はないので、素直に聞いて学ぶべきだという教えです。

二〇年前の介護は、すべて人の手によって成り立っていました。そのため、多くの職員が慢性的に腰痛を抱えており、それが原因で辞めざるを得ない職員も多くいました。

しかし、今では、介助にかかる介護者の負担軽減を図るために、福祉用具や介護ロボットを活用する取り組みが進められています。ノーリフトポリシーに代表されるように、持ち上げない介助、腰痛にならない介助が主流になっています。その際、大切なことは、福祉用具や介護ロボットを有効に活用できる技術を習得することです。また、今後は、人材不足を背景に、介護ロボットに代表されるような先端技術が、介護の現場に導入されるようになるでしょう。介護ロボットが導入されると、従来の介護の方法が変わってきます。介護の技術は、日進月歩です。新しい知識や技術を習得しながら、利用者の人生に寄り添った介護を実践できることが望ましいといえます。

新しい介護機器やロボットの操作方法や導入効果を知らない場合は、知らないことを恥じるのではなく、あるいは介護ロボットを否定するのではなく、新しい介護の技術を学ぶ姿勢が大切になります。そして学んだことを自分のものとして、わかりやすく言語化して伝えることが大切です。

リーダーたる者は、新しい介護方法など、多くの知識を得るために学び続けること、介護の言語化が必要です。そして、学んだことを自分のものにして介護の場面で活かすとともに、介護スタッフの育成のために実践することが大切です。特に介護の言語化は、介護の質を高めるために、介護スタッフの教育の場面で大変重要になっていくことでしょう。そのためにも、「知っていること」と「知らないこと」をしっかりと区別し、知らないことについて、もっと勉強して自らを成長させることが重要です。こうした姿勢を率先垂範《そっせんすいはん》して見せていると、介護スタッフも次第に感化され、質の高い介護を実践できる事業所に成長していくのではないでしょうか。

7　楽しく仕事をしているか

■読み下し文

之《これ》を知る者は、之《これ》を好む者に如《し》かず。之《これ》を好む者は、之《これ》を楽しむ者に如《し》かず。

（雍也第六・二十）

知之者不如好之者
好之者不如樂之者

■現代語訳

ある物事について、知識として知っているだけでは不十分で、それを好きな人にはかなわない。さらに言えば、好きな人も楽しんでいる人にはかなわないものだ。

■解説

私たちがよく耳にする言葉に、**好きこそものの上手なれ**という言葉があります。好きなものに対しては熱心に努力するので、上達が早いということです。私たちは、嫌いなことは、積極的にやろうという意欲がわきませんが、好きなことには、時間のたつのも忘れるほど熱中するものです。仕事を好きになるということは、熱中して知識や技術を覚え、上手に仕事ができるということになります。

仕事に限らず、趣味の料理や写真、ドライブやサイクリングなど、自分が好きでやっていることには、お金も時間も使って深く入り込んでいきます。マラソンを趣味にしている人は、走ることが大して苦になりませんが、マラソンが趣味でない人にとっては、なんであんな苦しいことをするのかと疑問に思うことでしょう。

この孔子の言葉は、仕事を極めるための三つの段階を示したものと考えることができます。仕事をするうえで必要なことは、まず、仕事の本質を知るということが第一段階です。次に、仕事を好きになる第二段階へと進みます。仕事を好きになるには、仕事に熱中しなければなりません。中途半端に仕事をしていると、仕事を好きになることができません。どんな仕事でも、一生懸命になって取り組むからこそ、好きになることができるのです。

初めから介護の仕事が好きという人は、あまりいないでしょう。介護の仕事を一生懸命することによって、仕事の面白さがわかってきて、介護の仕事が好きになっていくのです。そして三つ目の段階が仕事を楽しむということです。仕事を楽しめる人は、はたから大変そうに見えても、本人は楽しいので、仕事が苦になりません。フルマラソンを走っているランナーの姿を見ると、息が上がって苦しそうに見えるときもありますが、本人は平気なのです。走ることが楽しいのですから、息が苦しいからやめるということはありません。この苦しみも併せて楽しいのです。仕事の楽しさというのは、苦しみのなかにあるのです。このように、仕事を楽しむ段階に達すると、仕事を極めていくことができるようになります。仕事を楽しむ境地に至《いた》ることができれば、**苦労は人を磨《みが》く**という言葉を素直に受けとめることができるでしょう。

日本では、茶道、華道、柔道、剣道など、芸事やスポーツの世界で、「道」という言葉が使われています。日本の伝統文化といってもよいと思いますが、その技芸《ぎげい》を究めていくときに「道」を使います。例えば、柔道は、「柔」の術を用いた徳義涵養《とくぎかんよう》を目的とした芸道であり、剣道は、稽古《けいこ》を続けることによって心身を鍛錬《たんれん》し人間形成を目指す武道とされています。

リーダーたる者は、介護の仕事を楽しめる人にならなければなりません。「介護道」という言葉は一般的でないかもしれませんが、介護を極めていくなかに楽しさがあるのですから、日々の介護を楽しみながら「介護道」を極める達人になってほしいと思います。そして、周りにいる多くの介護スタッフに良い影響を与えるリーダーになってください。介護の仕事を通して、自らの心身を鍛錬《たんれん》し人間力を磨《みが》く人が多くなれば、介護の質も高くなり、事業所の魅力も高まります。そうすると、そこで働きたいと思う人が多くなり、人材の好循環が生まれ、素晴らしい事業所に成長していくのではないでしょうか。

8 協調しているか

■読み下し文

君子《くんし》は和して同ぜず。小人《しょうじん》は同じて和せず。

（子路第十三・二十三）

君子和而不同
小人同而不和

■現代語訳

立派な人は、協調するが主体性を失わず、むやみに同調したりしない。平凡な人は、たやすく同調するが協力し合うことはない。

■解説

「人の意見に同調しない」というのは、何でも反対するという意味ではありません。自分の意見を持っているので、同じ意見のときは「賛成」するし、異なる意見のときは、自らの意見をしっかりと述べることができるという意味です。たとえ相手と意見が食い違っても、良好な関係を保てるのが君子です。君子とは、「徳のできあがった立派な人」をいいます。立派な人は、主体性を持っており自分の意見を確立しています。したがって、意見の食い違いがあっても、むやみに同調することはありません。相手を信頼したうえで、自分の意見を述べることができますから、相手も感情的にならずに済みます。人と意見が食い違っても、食い違って当たり前だから、相手の意見を素直に聞き尊重することができます。立派な人は、異なる意見を楽しむことができるので、人から好かれます。

君子と比較される小人ですが、この「小人」は、立派でない「平凡な人」を指します。平凡な人は、主体性がなくすぐに人の意見に同調する傾向があります。異なる意見を述べると集団から孤立してしまうのではないかと恐れ、異なる意見を述べることができないのです。そして、声の大きい人の意見に同調する傾向があり、相手の意見に合わせるのです。しかし、本当に賛成しているわけではないので、協力し合うことができないのです。

介護事業所においても、ある程度の大きさになると、「仲良しグループ」が自然と生まれます。こうしたグループは、最初は良い効果を生むこともありますが、次第に弊害《へいがい》となりがちです。そういうときは、委員会や同好会などを設置して、横のつながりをつくることが大切です。組織のなかに縦糸と横糸をつくり、上手に織っていくことが有効です。

どんな仕事も同様ですが、一人でできるものではありません。特に介護の仕事は、多職種連携が重要といわれるように、多くの専門職が連携し、あるいは、介護職同士が連携して、利用者の生活を支えているのです。

こうした連携の場面で、人間関係が良い人達とそうでない人達とで、違いが出ることは望ましいことではありません。また、上司と部下の関係においても、主体性を持って協調することが大切です。上司の指示が間違っていると思ったときには、自らの意見を適切に述べることが大切です。しかし、自分の考えが常に正しいとは限りません。上司の指示が適切であった場合は、主体性を持って取り組むことが必要です。上司が好きだから指示に従い、上司が嫌いだから指示に従わないということがあってはならないのです。

　利用者の生活を支え、自立支援に向けた介護を進めるためには、好き嫌いの感情を奥にしまって、意見の違いがあったとしても上手に連携協力できるように修養しなければなりません。良い介護をするには、協調性と主体性が重要です。主体性がないと、依存性が高くなり、自分の頭で考えることができなくなります。リーダーへの依存性が高すぎると、リーダーの指示がないと動けない、指示待ち人間になってしまうのです。介護の現場は、個別性が高く、人間力を高めないと良い介護を実践することができません。

　リーダーたる者は、主体性を持ち自分の考えをしっかりと述べてください。介護スタッフと意見の違いがあったとしても、感情的に言い争ってはいけません。そのためには、**君子は和して同ぜず。小人は同じて和せず**を身につけておくべきなのです。自分の考えを持たないまま、人の言いなりに行動していると、いずれは信頼されないリーダーとなってしまいます。信頼されるリーダーとなるためには、正しい考え方に基づいて主体性を持って行動することです。そして、介護スタッフが主体性と協調性を持って行動できるように、率先垂範《そっせんすいはん》することが大切です。

9　努力しているか

■読み下し文

人の己《おのれ》を知らざるを患《うれ》えず、己《おのれ》の能なきを患《うれ》う。

（憲問第十四・三十二）

不患人之不己知
患己無能也

■現代語訳

人が自分のことを評価してくれないことを気に病むよりも、自分に能力がないことを反省し、さらに努力することが大切である。

■解説

立派な人は、他人が自分のことを知っていようがいまいが、そんなことはどうでもいいと考えています。それよりも、自分をもっと成長させようとすることに関心を持っています。このような人は、地位が高くなっても、自らの至《いた》らなさを自覚する謙虚《けんきょ》さを持っているので、自分を磨《みが》くことができるのです。それに対して俗人《ぞくじん》は、ちょっと出世して、例えば部長や役員になったとき、他人がそのことに気がつかなかったり、知っていても敬意を払わなかったりすると機嫌《きげん》が悪くなるのです。そういう人は自己評価が高く、その分謙虚《けんきょ》さがないため成長が止まってしまうのです。

この言葉は、自己修養の大切さと自らの能力を高めるための努力を惜しんではならないということを私たちに教えてくれています。


介護の現場では、自分の行っている介護が適切なのか、適切でないのか、迷いながら介護することがあります。こんなに頑張っているのに、誰もわかってくれないと感じながら介護をするときもあります。そんなときは、自分が行っている介護を評価してほしいと願っています。介護スタッフは、上司から「その介護は適切だね」とか、「よく頑張っているね」と評価されたいのです。

介護の現場だけに限らず、私たちは、日ごろから自分のことを評価してほしいと思っています。上司は、自分のことをしっかりと評価していないのではないか、こんなに頑張っているのに、しっかりと観ていないのではないか、と思うときがあるのです。自分に対する評価というのは、甘くなりがちです。自分に甘く、他人に厳しい人をよく見かけますが、自分に厳しく他人に優しくできる人は、あまり見かけません。

リーダーたる者は、常に自分に厳しく、他人に優しくなければなりません。自分の評価を気にしないで、自らの能力を高めるために努力することが大切です。介護スタッフを教え導くときにも、多くの介護スタッフが自分を認めてほしいと思っているという事実を知ったうえで、他人の評価よりも、自分の能力を磨《みが》くことが大切であるということを伝えていくことが大切です。リーダーが率先垂範《そっせんすいはん》して自らの能力を高める努力をしていると、そのことが介護スタッフにも浸透《しんとう》していきます。仕事を通して自分の能力を高めることができれば、人材の育成とともに定着が図られ、事業所が発展していくのです。

Column

コラム❻ 孔子ゆかりの世界遺産　三孔

孔子を始祖とする儒教は、漢代以降中国文化に大きな影響を与えました。日本でも、江戸時代に朱子学として広められ、今日まで多大な影響を及ぼしています。

孔子は、中国山東半島にある曲阜市に生まれました。この地にある孔子ゆかりの孔廟・孔府・孔林は、「三孔」と呼ばれています。

孔廟は孔子を祭った霊廟です。孔子の家は、その死後、廟（先祖の霊を祭る場所）とされ、のちに改築が重ねられた孔廟は、紫禁城や岱廟と並ぶ中国三大宮廷建築の一つとされています。孔府は、孔子の直系子孫とその家族が住んだところ、孔林は孔子一族の墓所です。「三孔」は、いずれも孔子が亡くなった後に建てられ、一九九四年に世界遺産に登録されました。

第3章

組織をマネジメントする

1 リーダーの心構えを知っているか

■読み下し文

千乗《せんじょう》の国を道《おさ》むるには、事《こと》を敬《けい》して信《しん》あり、用《よう》を節《せっ》して人を愛し、民を使うに時を以《もっ》てす。

（学而第一・五）

道千乗之國
敬事而信
節用而愛人
使民以時

■現代語訳

大国を治めるには、次のことを守らなくてはいけない。事業は慎重《しんちょう》に行い、しかも国民の信頼を得て行わなければならない。無駄な経費を削減《さくげん》し、また、国民を大切にしなければならない。そして、事を進める際には国民の仕事や日常生活を邪魔《じゃま》したり、支障《ししょう》になったりしない時期を選ぶべきである。

■解説

この言葉は、リーダーが国や組織を運営するうえで大切な心構えを説いたものです。立派な国を築き治めるには、慎重《しんちょう》に物事を進め、信用を失わないようにすること、費用を節約し、国民を愛すること、そして、国民を徴用する際には仕事を妨げないように配慮することが大切という意味です。この考え方は、現代における「国のリーダー」「企業のリーダー」をはじめ、あらゆる組織のリーダーに当てはまります。

これを介護事業所のリーダーに当てはめると、リーダーたるものは、慎重《しんちょう》に物事を進め、職員の信頼を失わないようにすることが必要であり、光熱水費などをはじめとするすべての経費を見直して費用を削減《さくげん》するとともに、介護職員に接するときには思いやりの心を持ち、育成することが重要であるということです。また、介護職員に仕事を割り振る際には、私生活が犠牲になるほどの過度な負担とならないように留意すること、全員に公平に業務を割り振り、一人の職員に過度に負担がかからないように配慮することが重要です。昨今の働き方改革とも通じるところがあります。

介護現場は、多職種協働といわれるように、いろいろな人が働いています。こうしたなかで、連携と協力を進めるには、スタッフの意識改革が必要になります。なかなか意識が変わらない人が多いのですが、そうした場合は、横糸に当たる委員会や趣味の同好会などを設置して、活発に意見交換できる場をつくることが有効です。同じ目標をもって行動しなければならない環境をつくり、活発な意見交換を通して互いの信頼関係を構築するのです。信頼関係が構築できて初めて連携と協力が可能になります。

リーダーたる者は、常に「思いやりの心」を持って介護スタッフに接し、慎重《しんちょう》に物事を進めなければなりません。介護スタッフの健康面にも留意し、心身ともに健康となるための取り組みを進めましょう。**事を敬《けい》して信あり、用を節《せつ》して人を愛す**という言葉を自分のものとし、介護スタッフの一人ひとりが介護を楽しむことができるように環境整備を進めましょう。

そうすれば、事業所全体として質の高い介護を提供することができるようになり、事業所が発展していくことでしょう。

2 正しいことを行う勇気を持っているか

■読み下し文

義《ぎ》を見て為《な》さざるは、勇無きなり。

（為政第二・二十四）

見義不爲
無勇也

■現代語訳

人として当然行うべきことと知りながら、それをしないのは勇気がないからである。

■解説

人の過ちには、二通りあります。一つは、筋の通らないことを行うことです。不正請求や、指定基準違反の状態での事業所の運営などが、これに当たります。介護の現場では、コンプライアンスが重視され、指定基準や事業所が作成する運営規定等の遵守が求められます。

もう一つは、正しいことをしなければならないのに、勇気がなくてできないことです。正しいことをするには、勇気が必要です。人として当然行うべきことと知りながら、見て見ぬふりをして、それが実行できないのは、勇気がないからです。「義を見て為さざるは、勇無きなり」は、正しいことを実行する勇気を持たなければならないという教えです。

それまでの慣習や前例がないからという理由で、漫然と現状が維持されていたり、利用者ではなく、介護者の都合が優先された介護が行われていたりすることはないでしょうか。介護の方法や事業所の運営などについて、「もっとよくなるはず」「これはちょっとおかしい」と思うようなことがあれば、勇気をもって変化を求めましょう。

勇気というのは、批判や失敗を恐れない心のことをいいます。勇気がないというのは、実は、批判や失敗を恐れるネガティブな感情に包まれているだけなのです。したがって、それを克服するためには、自分の感情をコントロールする訓練をすることです。勇気を出すための訓練は、「決心」をすることです。小さな決心を繰り返していると、大きな決心ができるようになります。「覚悟」をすると、「恐怖心」はなくなります。恐怖心がなくなると、「勇気」が出て、自然と行動できるようになります。

また、「失敗は成功の母」という言葉があります。日常的な業務を通じて、小さな失敗というのはよくあるものです。小さな失敗は、たくさん経験するほうがよいともいえます。失敗をすると、痛い思いをしますから、次は失敗しないよう工夫するようになります。失敗を恐れて消極的になるのではなく、勇気を持ってチャレンジをしましょう。失敗が多い人は、それだけ多く学んでいるということです。失敗から学ぶことを癖づけると、自分の人生を成功に導くことができます。

リーダーたる者は、**義《ぎ》を見て為《な》さざるは、勇無きなり**という言葉を身につけて、正しいと思ったことは、勇気を持って行動しましょう。失敗したら、失敗から学んで成功するまで続ければよいのです。ＰＤＣＡを回して、継続的な改善をすることが事業所の発展につながります。

3 仁の心を磨いているか

■読み下し文

仁《じん》に里《お》るを美《よし》と為《な》す。択《えら》びて仁《じん》に処《お》らずんば、焉《いずく》んぞ知《ち》なるを得ん。

（里仁第四・一）

里仁爲美
擇不處仁
焉得知

■現代語訳

仁の心を持つことは美しいことだ。もし自分の利益のために仁を軽んじるようなら、賢明な人間とはいえない。

■解説

仁の心は、初めから人間に備わっている資質ではありません。心の教育をしていかないと身につけることができないのです。しかも、学校で学ぶことができない実践的な学びです。日々の生活のなかで、人との交わりのなかで学ぶものです。

仁の心は、人との交わりのなかで身につけるものですから、仁のあふれる人が多くいるところに身を置く必要があります。職場のなかに仁の心を持った人が多くいるならば、それを見習い、職場で仁の心を学び、身につけることができるでしょう。職場が、自己主張する人ばかりで、人を思いやる心を持っていない人だらけだとしたら、反面教師として、仁の心を学び身につける必要があります。この場合は、自分自身がしっかりとした考えをもっていないと、周囲の人に騙《だま》されたり、流されたりしてしまうかもしれません。そんなときは、自分が尊敬できる人と接するようにするとよいでしょう。それが難しいときは、良い本を読み、本の主人公と対話することによって、仁を学ぶことができます。

介護現場には、仁のあふれる人が多くいてほしいものです。仁の心がない人が介護に関する知識や技術を学んでも、良い介護はできないからです。良い介護は、相手のことを思いやる心が伴わないとできません。いくら知識や技術があっても、人間が大好きで、人間に関心を持っていなければ、単なる行為になってしまいます。心を伴わない行為では、利用者の心を開くことはできません。自立支援に向けた介護を行おうとするとき、利用者の心の領域に入っていって、心の交流をすることが大切です。利用者からの信頼を得るためには、仁の心で介護することが必要なのです。

リーダーたる者は、介護スタッフの心の状態を観て、仁の心があるか、ないかを見極め、適切に対応することが重要です。仁の心にあふれた人たちが大勢いる職場は、ハラスメントや過度なストレスがなく、働きやすく理想的な職場といえるでしょう。その場合は、こうした環境を壊さないように配慮しましょう。

一方、仁の心がない人が多くいたら、仁を学ぶ機会を増やす必要があります。毎週、論語を学ぶ機会を増やすことも有効です。まず、リーダーが論語を学びましょう。そして、自らが身につけた論語をもって、スタッフとともに学びを深めましょう。現場で起きている事例をもとに論語を学ぶと腑《ふ》に落ちるのではないでしょうか。こうした勉強会の積み重ねが仁の心を育ててくれます。仁の心を持った介護スタッフが多くなれば、介護の質が上がり、事業所が発展していくことでしょう。

4　仁を志しているか

■読み下し文

苟《いやし》くも仁《じん》に志《こころざ》せば、悪《あ》しきこと無し。

（里仁第四・四）

苟志於仁矣
無悪也

■現代語訳

他人を思いやる心さえ忘れなければ、悪い心を抱くことはない。

■解説

介護や福祉の現場で、痛ましい事件が起きています。介護や福祉の現場で入居者に対する虐待や暴力、あげくの果てに殺人といった行為が行われる背景には、何があるのでしょうか。

いろいろな原因があると思いますが、本質的なところは、本人の心のなかに存在する「闇」ではないでしょうか。この闇は疎外感や孤独感、劣等感が入り混じった感情で、利己主義と読み替えることもできます。利己主義に支配された心は、良心がなくなってしまい、何が正しいのか、判断がつかなくなります。自分さえよければ、他人はどうなっても構わないという考え方は、相手を思いやる気持ちを失わせます。泥棒や万引き、傷害事件や殺人事件は、自らの心に「仁」が欠落した結果起きるということです。

したがって、相手を思いやる「仁」の志を持って生活していれば、悪事を行うことはないということです。うそつきは泥棒の始まりという言葉があります。これは、平然とうそを言うようになれば、良心がなくなって盗みも平気ではたらく人になるから、うそはついてはいけないという戒《いまし》めですが、自分に対しても相手に対しても誠実な心が、仁の心につながっていくのではないでしょうか。

介護の現場では、いろいろな人間が共同生活をしています。認知症で意思疎通がうまく図れない人、重度の要介護状態で寝たきりになっている人、重度の障害を持っている人など、さまざまな人がいます。こうした人たちへの介護は、どうあるべきでしょうか。自立支援が大切とわかっているが、自立が難しい人たちへの介護の在り方とは、いかにあるべきか。答えは、介護現場で働くスタッフの職業観に委ねられます。

リーダーたる者は、すべての介護スタッフが「思いやりの心」を持って介護できるように人間教育をしなければなりません。介護の知識や技術を学んでも、思いやりの心が欠落していたら、良い介護を提供することはできません。まして、自分のことしか考えられない人たちが大勢いたら、仁の心を持って頑張って介護している人たちの居場所がなくなってしまいます。だから、論語を学んで仁の心を磨《みが》く必要があるのです。

仁の志を高く掲げ、より良い介護を実践する介護スタッフの処遇改善や、表彰も必要です。他のスタッフの模範《もはん》となる評価をしてほしいものです。国家資格を持っていなくても、仁の心を持っている人は、その事業所の財産です。早く資格を取得できるように支援することが必要です。

5　自分の利益を優先していないか

■読み下し文

利《り》に放《よ》りて行えば、怨《うらみ》多し。

（里仁第四・十二）

放於利而行
多怨

■現代語訳

自分の利益だけを考えて行動してはならない。必ず人の利益も考えていかないと、人にうらまれることになる。

■解説

孔子は、「自分の利益だけを考えて行動してはいけない」と警鐘《けいしょう》を鳴らしています。自分の利益だけを考えて行動すれば、他人からうらまれるということを知っていたのです。ですから、自分の利益だけを考えて行動してはならないということを戒《いまし》めにしたのでしょう。今から二五〇〇年前、孔子が生きた時代の教訓は、今の社会にも通用する普遍的な考え方です。

最近は、「世のため、人のために働く」というよりも、「自分の利益のために働く」という考え方が一般的になりました。公の利益よりも、自分の利益になるように行動する人が増えてきたように感じます。「利他主義」よりも「利己主義」あるいは、「個人主義」といわれる考え方が台頭してきたのかもしれません。こうした考え方は、戦後の教育によって国民に広まったと考えられます。

戦前の教育では、二宮金次郎の歌（後述）に代表されるように、勤労と忠孝が大切にされていました。江戸から明治にかけて日本各地で活躍した近江商人は、「三方良し」、すなわち「売り手良し、買い手良し、世間良し」という考え方を大切にしていました。これは、「商売において、売り手と買い手が満足するのは当然のこと、社会に貢献できてこそ良い商売といえる」という意味です。ビジネスの基本として、今でも立派に通用する普遍的な考え方です。

自分の利益とは、お金のことだけではありません。自分の都合が良いように振る舞うことも含まれます。要領が良いといわれる場合は、自分の利益のために行動していないか、反省することも必要です。

時代が変わっても、人間の心のありようはあまり変化していないのかもしれません。

介護の現場で、自分の利益だけを考えて行動するとどうなるでしょうか。苦情や事故が発生した場合、自分の責任を逃れようとして争いが起きるかもしれません。自分本位の介護は、利用者にとってより良い介護とはなりません。なぜなら、自分の得になることが一番大切で、利用者のことは二の次になるからです。利用者への接し方だけではなく、職場内でのチームケアにも支障を及ぼすことにもなります。

自分の利益だけを考えて行動していると、自分勝手な人という評価となり、やがて誰からも相手にされなくなります。より良い介護を提供するどころか、最悪の場合には、相手にうらみを抱かせてしまうことにもなりかねません。

リーダーたる者は、自分の利益だけを求めるのではなく、介護スタッフの利益、利用者の利益、地域の利益を考えるべきです。他者への思いやりの心を持って介護スタッフや利用者に接し、全員の利益のために働くことが大切です。

最もよく奉仕する者が、最も多く報いられるという言葉があります。介護スタッフの満足度を上げ、サービスの質を上げることに注力することが重要です。そうすると、利用者からの信頼を得て、利用者が増え、それに伴って収入が増加します。こうして事業拡大を図ることが経営の本質です。このことを肝に銘じておくべきでしょう。

二宮金次郎の歌

尋常小学唱歌 第二学年用

1
柴《しば》刈り縄ない 草鞋《わらじ》をつくり
親の手を助《す》け 弟《おとと》を世話し
兄弟仲よく 孝行つくす
手本は二宮金次郎

2
骨身《ほねみ》を惜《おし》まず 仕事をはげみ
夜なべ済まして 手習《てならい》読書
せわしい中にも 撓《たゆ》まず学ぶ
手本は二宮金次郎

3
家業大事に 費《ついえ》をはぶき
少しの物をも 粗末にせずに
遂《つい》には身を立て 人をもすくう
手本は二宮金次郎

6 正しい判断基準を持っているか

■読み下し文

君子《くんし》は義《ぎ》に喩《さと》り、小人《しょうじん》は利に喩《さと》る。

（里仁第四・十六）

君子喩於義
小人喩於利

■現代語訳

立派な人は、人としてのあるべき姿を判断基準としているのに対し、一般の人は、自分の利益になるかどうかで判断する。

■解説

人間の心は弱いもので、日ごろから正しい判断をしている人でも、お金が絡《から》んでくると、目が曇《くも》り正しい判断ができなくなってしまうものです。管理者は、いろいろな難しい問題を迅速《じんそく》に解決する能力を身につけなければなりませんが、こうした能力は、一朝一夕《いっちょういっせき》に身につくものではありません。日ごろの勉強に加え、失敗から学ぶ姿勢を持っていないと、うまくいかないでしょう。

介護の現場では、さまざまな事故や苦情があります。利用者が転倒し骨折する事故もあれば、誤薬の事故もあるでしょう。こうした事故が発生した場合、管理者は、どのような行動をすべきでしょうか。

まず、職員から利用者の事故について第一報が入ったときに管理者がすべきことは、利用者の状況把握と適切な処置です。その場で陣頭指揮《じんとうしき》をとるときもあれば、できないときもあります。後から報告される事案もあるでしょう。そういうときでも、大切なことは、真実を確認することです。人は、自分の損にならないように、自分の利益になるように振る舞います。したがって、事故や苦情の報告を聴く際に、真実はなかなか見えてこないものです。ですから、真実の把握が大事になるのです。

真実を把握することができれば、その案件に対する適切な処置が可能になります。その適切な判断をするときに役に立つのが、**君子《くんし》は義《ぎ》に喩《さと》り、小人《しょうじん》は利に喩《さと》る**という言葉です。

管理者として、いろいろな場面で判断を求められるときがあります。そのとき、「正義」を価値判断として持っていないと、事案によって正しい判断ができなくなる可能性があります。自分の利益になるように判断すると、後で大きな問題となる場合があります。

リーダーたる者は、自分の利益になるかどうかで判断するのではなく、何が正しいかを「みんなのためになるかどうか」という基準で判断することが大切です。組織をマネジメントする際に大切なことは、自らの行いを振り返り、人としての道を外さない立派な振る舞いをすることです。そうすると、不思議なことに、いろいろなことがうまく回るようになります。

7 実践を重んじているか

■読み下し文

君子《くんし》は言《げん》に訥《とつ》にして、行《おこない》に敏《びん》ならんことを欲《ほっ》す。

（里仁第四・二十四）

君子欲訥於言
而敏於行

■現代語訳

立派な人は、口数が少なく、機敏に行動するよう心がけるものである。

■解説

一般的に、**有言実行**や**言行一致**という言葉もよく使われます。これらの意味は、「言ったことは必ず実行すること」「言ったことと実際の行動が一致していること」ということですが、人は、言ったことを確実に実行することによって信頼を得るのです。

「言っていること」と「行動していること」が一致していない人は、周りの人や社会から信頼されませんから、口数を減らして行動に重きを置くように諭しているのです。

行動できない人は成果を出すことはできません。頭でわかっていても行動に移せない人は、評論家といわれても仕方がないでしょう。新しいことにチャレンジする場合は、必ず成功するとは限りません。むしろ、失敗する確率のほうが高いのですが、失敗を恐れずに行動することが大切です。そして、失敗したときは、なぜ失敗したのか、失敗から学ぶ姿勢が重要になります。

介護の現場で、組織をマネジメントする立場になったときは、無駄な言葉を費やすことなく、行動することが重要と心得てください。いくら口達者でも行動できない人は成果を出すことはできません。本当に仕事を知っている人は、素早く行動するものです。良いと思ったことは、すぐにやることが大切です。やってみてうまくいかなかったら、そこでもう一度考えて、うまくいくように軌道修正《きどうしゅうせい》をすれば良いのです。

リーダーたる者は、口数を少なくして、迅速《じんそく》に行動できる能力を磨《みが》くことが重要です。管理者になると、会議での発言、朝礼でのスピーチや部下への指導など、さまざまな場面で話すことが求められます。必要に応じて介護を言語化する能力も必要になります。介護スタッフや利用者との意思疎通《いしそつう》を図るためのコミュニケーションは重要ですが、「言葉」よりも「実行」に重きを置くようにしましょう。そうすると、「言行一致」となり、リーダーとしてマネジメントがしやすくなるでしょう。

8 徳を身につけているか

■読み下し文

徳《とく》は孤《こ》ならず、必ず隣《となり》有り。

（里仁第四・二十五）

徳不孤
必有鄰

■現代語訳

人格の優れた徳のある人が、いつまでも孤独ということはありえない。必ず理解者は集まってくる。

■解説

短い言葉ですが、含蓄《がんちく》のある言葉です。「徳を持っている人は、孤立することなく、自然と人が集まってきて、必ず成功するものである」と解釈しています。逆にいえば、成功するには、徳を身につける必要があるということになります。

徳という言葉がわかりにくいかもしれません。徳とは、一般的に人間の道徳性を表し、仁・義・礼・智・信の五常を指すといわれています。

具体的にみていきましょう。

〈五常〉

仁：人を思いやり、己の欲望を抑えて人に接すること
義：私利私欲にとらわれず、正しい行いをすること
礼：社会秩序を円滑に維持するために必要な礼儀作法のこと
智：学問に励み、知識を得て、正しい判断が下せるようにすること
信：約束を守り、常に誠実であること

徳の高い人にみられる特徴にはどのようなものがあるでしょうか。人徳のある人は、どことなく品格があります。その時の気分によって人への接し方が変わることがなく、相手を思いやる心を持っているので、世のため、人のために行動ができる人です。人の幸せのために行動することができ、人が喜ぶ様子を見ることによって幸せを感じることができます。

また、善悪を判断できる基準を備えており、正しいことを貫く勇気を持っています。誰に対しても平等に接することができ、目上の人を敬う礼儀を身につけています。人の悪口を言うこともなく、素直に感謝の気持ちを伝えることができます。一時の感情に流されずに物事を俯瞰して眺める視点があり、いろいろなことに対して、常に前向きに考えることができる知恵があります。こうした資質を備えているので、人望が厚く周囲の人から信頼されています。このような人が徳のある人ということになります。

リーダーたる者は、徳を身につけましょう。徳を身につけることによって、信頼され、人が集まり、事業を発展させる力を持つことになります。組織をマネジメントすることも容易になるでしょう。

9 自分の身を正しているか

■読み下し文

苟《いやし》くも其《そ》の身を正しくせば、政《まつりごと》に従うに於《お》いて何か有らん。其《そ》の身を正すこと能《あた》わずんば、人を正すを如何《いかん》せん。

（子路第十三・十三）

苟正其身矣
於従政乎何有
不能正其身
如正人何

■現代語訳

もし自分の行いを正しくすることができているなら、良い政治をすることもできるだろう。もし、自分の行いを正しくすることができないならば、人を導くこともできないだろう。

■解説

この言葉は、リーダーとしての心構えを説いたものです。当時の指導者は、自らを正すことができない世相があったのかもしれません。リーダーたる者は、まず、自分の身を正しくすることが必要です。それができない人は、人を導くことはできないということです。当たり前のことですが、自分に甘く人に厳しくしても、人は言うことを聞きません。自分に厳しくしてこそ、人を導くことができるのです。

介護事業所における管理者の責務は、三つあります。一つ目は、その事業所で働く従業員の管理をすること、二つ目は、その事業所の業務の管理をすること、三つ目は、従業員に対して法令遵守《ほうれいじゅんしゅ》に関する指揮命令《しきめいれい》をすることです。これは、介護保険法令に定められている規程ですから、管理者の仕事として位置づけられます。

この三つの仕事を適切に遂行するには、介護保険法令を十分理解しておくことが必要になります。例えば、サッカーや野球をする場合に、ルールをしっかり学ぶことと同じです。介護事業を実施する場合に、そのルールを十分理解しておかないと、ルール違反をしてもわからないことになります。法令違反の状態を続けると、事業を継続して行うことが困難になりますから、該当する法令を正しく理解しておくことは、管理者としての第一歩になります。

次に大切なことは、従業員の管理を適切にすることです。介護サービスは、人が人に対して行う対人サービスです。従業員の健康状態はもとより、悩みや不安などについても、しっかりと把握して適切に対応することが求められます。従業員のメンタル面の管理もしっかりと行うことによって、現場で良い介護が行われるのです。

そのために管理者がすべきことは、一人ひとりの従業員に対する声かけやコミュニケーションです。大きな組織になると、その役割を中堅層のリーダーが担うことになりますので、中間管理職の育成が重要になります。

最後に仕事の管理ですが、これは事業所の規模によって異なります。一〇〇人を超えるスタッフを抱える事業所では、中堅層のリーダーが部下の業務遂行状況を把握して、それを管理者に報告する仕組みを機能させることが必要になります。小規模の事業所においては、管理者自らが業務の管理をすることになります。

リーダーたる者は、事業所の規模の大小にかかわらず、ＰＤＣＡを回すことが重要になります。ＰＤＣＡを回すには、自らの取り組みを振り返り、しっかりと評価することが大切です。自らの行いを正すには、何が良いことか、何が悪いことかを判断する力を身につけ、日ごろの仕事の場面で実践することが必要でしょう。

コラム⑦ 今、汝《なんじ》は画《かぎ》れり

論語に「今、汝《なんじ》は画《かぎ》れり」という言葉があります。孔子の弟子に対する励まし言葉です。

あるとき、弟子の一人が「先生の説かれる道をうれしく思わないわけではないのですが、私は力不足でとてもついていけません」と訴えてきました。孔子は「本当に力の足りない者なら、今までついてこれず、途中で力尽きてしまっているはずだ。お前は自分で自分の能力に見限りをつけ、自分は駄目だと思い込んでいるにすぎないのだ」と激励した話が由来となっています。

人は誰でも、自分の前に高い壁が立ちはだかっているとき、「もう駄目だ」と思うことがあります。難しい授業についていけないから自分は能力がないと思い込んだり、仕事でうまくいかないとき、自分はこの仕事が向いていないのではないかと思い、急に仕事が嫌になってしまうことがあります。そんなとき、この言葉を思い出してください。「自分で限界をつくっていないか」と。本当はもっと能力があって、もっとできるのではないかと、自分を振り返って自信を持ってほしいのです。

私は、三十歳を過ぎた頃からフルマラソンに挑戦するようになりました。始めた頃は、「もう走れない」と思ったことが何度もあります。速く走ろうとすると息が上がり苦しくなって走れなくなってしまうのです。こうした失敗から学んだことは、「走ることを楽しもう」という気持ちの切り替えでした。ゆっくり走りながら、「完走するぞ」「必ずできる」を何度も口にして、走り続けました。こうしてゴールしたときの感動は今でも忘れません。

「今、汝《なんじ》は画《かぎ》れり」。自分で限界をつくらないこと、とても大切な考え方です。

参考文献

諸橋轍次「論語の講義」大修館書店　一九八九年
下村湖人「論語物語」「現代訳論語」『下村湖人全集』（第五巻）池田書店　一九六五年
渋沢栄一「論語と算盤」国書刊行会　二〇〇四年
安岡正篤「新装版　論語の活字」プレジデント社　二〇一五年
金谷治　訳注「論語」（岩波文庫）岩波書店　一九九六年
齋藤孝「現代語訳　論語」（ちくま新書）筑摩書房　二〇一〇年
野中根太郎「全文完全対照版　論語コンプリート」誠文堂新光社　二〇一六年
佐久協　監修「イチから知りたい！　論語の本」西東社　二〇一四年
山口謠司　監修「眠れなくなるほど面白い　図解　論語」日本文芸社　二〇一九年

おわりに

論語の本を書こうと思ったのは、介護や福祉の現場での事件がきっかけでした。二〇一四年に川崎市内の有料老人ホームにおいて、利用者の転落死が相次いで起き、この事件の犯人が施設職員であったことが判明しました。また二〇一六年には、相模原市内の知的障害者福祉施設「津久井やまゆり園」において、元施設職員が所持していた刃物で利用者一九人を刺殺し、利用者・職員計二〇人以上に重軽傷を負わせた事件が発生しました。

これを受けて神奈川県では、二〇一六年一〇月に「ともに生きる社会かながわ憲章」を定めました。その内容は次のとおりです。

一　私たちは、あたたかい心をもって、すべての人のいのちを大切にします
一　私たちは、誰もがその人らしく暮らすことのできる地域社会を実現します
一　私たちは、障がい者の社会への参加を妨げるあらゆる壁、いかなる偏見や差別も排除します
一　私たちは、この憲章の実現に向けて、県民総ぐるみで取り組みます

私は、神奈川県福祉部福祉政策課に在籍していたときから「ともに生きる福祉社会」を掲げて、さまざまな施策に取り組んでいたことを思い出しました。神奈川県を退職して十九年が過ぎ、このような痛ましい事件が起きたことが残念でなりませんでした。

高齢者施設や障害者福祉施設の現場で職員による殺傷事件が起きたのは、なぜなのか。専門家といわれる人たちがいろいろとコメントしていましたが、私は、制度上の問題ではなく、人間の心の問題であると直感的に思いました。何か問題が起きるとすぐに興奮してしまう人や、自己中心的な人、人とのコミュニケーションがうまくできない人、自分のミスを認めたがらない人が多くなってしまったのではないか。何が正しくて何が誤っているのか、人間としての正しい価値判断をできない人が増えてしまったのではないか、と感じました。もちろん多くの職員は、一生懸命頑張っていることは理解しています。しかし、現実として事件や事故が起きているのですから、その原因を探り、抜本的な対策を講じることが必要だと思ったのです。

今一番大事なことは、介護や福祉の現場で一人ひとりの職員が自らの人間力を養うことではないかと考えるようになりました。そして、それを実践するには、管理者やリーダー向けのテキストが必要であると思いました。管理者が適切にPDCAを回し、一人ひとりの職員の人間力を高めるためのマネジメントを実践できれば、もっと明るく、楽しく、誇りを持って働ける職場に変えることができるのではないかと思います。

本書は論語をベースにしながら、人間としての道、つまり倫理や道徳を身につけ、正しい価値観に裏打ちされた考え方に基づいて介護を実践するために書いたものです。論語は繰り返し読むことによって、その価値が生まれてきます。「論語読みの論語知らず」にならないよう、身につけた論語は仕事や家庭生活の場面で活かすことが大切です。論語を身につけるには時間がかかりますが、皆さんの人生を必ずより良い方向に向かわせてくれます。

それぞれの事業所で論語を学びましょう。事業所において、お互いに学びあい実践できる組織文化をつくり上げましょう。より良い組織文化をつくり上げることによって、職員の皆さんが幸せになっていくのです。そして、介護や福祉の仕事の価値が高くなり、多くの人々が幸せになることを願ってやみません。

最後に本書の制作にあたり、編集委員としてさまざまな事例やアドバイスをいただいた株式会社ニチイケアパレスの北村俊幸氏、ＳＯＭＰＯケア株式会社の渋谷泰敬氏、株式会社ツクイの田中行介氏、中央法規出版の小宮章氏、矢崎さくら氏に感謝いたします。ありがとうございました。

令和二年二月吉日

瀬戸恒彦

瀬戸恒彦（せと・つねひこ）

1979年神奈川県庁入庁。1993年から福祉部福祉政策課で高齢社会対策に関する各種調査、介護保険制度の立ち上げに従事。2001年（社）かながわ福祉サービス振興会事務局長に就任。2014年6月（公社）かながわ福祉サービス振興会理事長に就任。

現在、（一社）かながわ福祉居住推進機構理事長、（一社）かながわ高齢者住まい連絡協議会会長、（一社）日本ユニットケア推進センター理事、（一社）神奈川県介護支援専門員協会監事などを務める。

共著として、『評価が変える介護サービス』法研2003年、『介護経営白書』日本医療企画2006年、『居宅介護支援・介護予防支援給付管理業務マニュアル』中央法規出版2007年、『新・社会福祉士養成講座第11巻』（第7章）中央法規出版2010年、『業務改善ハンドブック』（第1章～4章、7章）中央法規出版2012年、『介護事業の基礎力を鍛えるコンプライアンス経営』日本医療企画2014年、などがある。

介護の現場で人間力を磨く

「論語」を通じ、人間理解を深める

2020年3月20日　発行

著　者　瀬戸恒彦

発行者　荘村明彦

発行所　中央法規出版株式会社
〒110-0016　東京都台東区台東3-29-1　中央法規ビル
営業　TEL 03-3834-5817　FAX 03-3837-8037
取次・書店担当　TEL 03-3834-5815　FAX 03-3837-8035
編集　TEL 03-3834-5812　FAX 03-3837-8032
https://www.chuohoki.co.jp/

印刷所　株式会社太洋社

装　幀　澤田かおり（トシキ・ファーブル）

定価はカバーに表示してあります。

ISBN 978-4-8058-8120-0